EMPRESAS FAMILIARES

Augusto Messias Seabra | Nádia dos Santos | Sanmya Feitosa Tajra

EMPRESAS FAMILIARES

UMA ABORDAGEM PARA PEQUENAS E MÉDIAS EMPRESAS BEM-SUCEDIDAS

ALTA BOOKS
EDITORA
Rio de Janeiro, 2021

Empresas Familiares

Copyright © 2021 da Starlin Alta Editora e Consultoria Eireli. ISBN: 978-85-508-1368-4

Todos os direitos estão reservados e protegidos por Lei. Nenhuma parte deste livro, sem autorização prévia por escrito da editora, poderá ser reproduzida ou transmitida. A violação dos Direitos Autorais é crime estabelecido na Lei nº 9.610/98 e com punição de acordo com o artigo 184 do Código Penal.

A editora não se responsabiliza pelo conteúdo da obra, formulada exclusivamente pelo(s) autor(es).

Marcas Registradas: Todos os termos mencionados e reconhecidos como Marca Registrada e/ou Comercial são de responsabilidade de seus proprietários. A editora informa não estar associada a nenhum produto e/ou fornecedor apresentado no livro.

Impresso no Brasil — 1ª Edição, 2021 — Edição revisada conforme o Acordo Ortográfico da Língua Portuguesa de 2009.

Produção Editorial Editora Alta Books **Gerência Editorial** Anderson Vieira **Gerência Comercial** Daniele Fonseca	**Produtor Editorial** Illysabelle Trajano Juliana de Oliveira Thiê Alves **Assistente Editorial** Rodrigo Dutra	**Equipe de Marketing** Livia Carvalho Gabriela Carvalho marketing@altabooks.com.br **Coordenação de Eventos** Viviane Paiva comercial@altabooks.com.br	**Editor de Aquisição** José Rugeri j.rugeri@altabooks.com.br
Equipe Editorial Ian Verçosa Luana Goulart Maria de Lourdes Borges Raquel Porto Thales Silva	**Equipe de Design** Larissa Lima Marcelli Ferreira Paulo Gomes	**Equipe Comercial** Daiana Costa Daniel Leal Kaique Luiz Tairone Oliveira Vanessa Leite	
Revisão Gramatical Alessandro Thomé Fernanda Lutfi	**Capa** Tribo da Ilha	**Diagramação** Lucia Quaresma	

Publique seu livro com a Alta Books. Para mais informações envie um e-mail para autoria@altabooks.com.br

Obra disponível para venda corporativa e/ou personalizada. Para mais informações, fale com projetos@altabooks.com.br

Erratas e arquivos de apoio: No site da editora relatamos, com a devida correção, qualquer erro encontrado em nossos livros, bem como disponibilizamos arquivos de apoio se aplicáveis à obra em questão.

Acesse o site www.altabooks.com.br e procure pelo título do livro desejado para ter acesso às erratas, aos arquivos de apoio e/ou a outros conteúdos aplicáveis à obra.

Suporte Técnico: A obra é comercializada na forma em que está, sem direito a suporte técnico ou orientação pessoal/exclusiva ao leitor.

A editora não se responsabiliza pela manutenção, atualização e idioma dos sites referidos pelos autores nesta obra.

Ouvidoria: ouvidoria@altabooks.com.br

Dados Internacionais de Catalogação na Publicação (CIP) de acordo com ISBD

S438e   Seabra, Augusto Messias
         Empresas Familiares: uma abordagem para pequenas e médias empresas bem-sucedidas / Augusto Messias Seabra, Nádia dos Santos, Sanmya Feitosa Tajra. - Rio de Janeiro : Alta Books, 2021.
         224 p. : il. ; 17cm x 24cm.

         Inclui bibliografia e índice.
         ISBN: 978-85-508-1368-4

         1. Administração de empresas. 2. Empresas familiares. I. Santos, Nádia dos. II. Tajra, Sanmya Feitosa. III. Título.

2020-3246   CDD 658.041
                                               CDU 658.114.1

Elaborado por Vagner Rodolfo da Silva - CRB-8/9410

Rua Viúva Cláudio, 291 — Bairro Industrial do Jacaré
CEP: 20.970-031 — Rio de Janeiro (RJ)
Tels.: (21) 3278-8069 / 3278-8419
www.altabooks.com.br — altabooks@altabooks.com.br
www.facebook.com/altabooks — www.instagram.com/altabooks

DEDICATÓRIAS

AUGUSTO MESSIAS SEABRA

Dedico o resultado deste projeto ao aprendizado nas diversas empresas familiares em que atuo e atuei, principalmente aquelas em que o esforço e a dedicação para que se alcancem os objetivos ocorrem de forma intensa e constante. Na empresa familiar, encontramos um negócio que leva em consideração o valor humano e, logicamente, a família. Espero que esse trabalho seja uma alavanca motivadora para o sucesso. Seria motivo de grande alegria ter meus alunos já formados e, por que não, aqueles que ainda estão estudando, utilizando as experiencias aqui relatadas para empreender seu negócio. Como falamos de empresa familiar, e pertenço a uma empresa com esse perfil, tenho de agradecer pela paciência de meus filhos e de minha esposa durante a jornada para mais essa tarefa.

NÁDIA DOS SANTOS

Dedico este projeto a todas as empresas familiares que fazem com que eu trabalhe incansavelmente para apoiar psicologicamente os relacionamentos entre seus membros e para fomentar resultados empresariais. Essa obra é fruto da confiança que as famílias tiveram e ainda têm em dividir seus mais secretos segredos de família, compartilhar as emoções e permitir que o trabalho da governança de família possa trazer benefícios de desenvolvimento pessoal e empresarial. Também dedico este projeto a minha família, principalmente para a pessoa que me ensina a valorizar a prática da empatia todos os dias: minha querida filha, Ana Carolina.

SANMYA FEITOSA TAJRA

Dedico este livro ao meu pai, Antonio Dib, que tanto desejou constituir uma empresa familiar e o fez, ao longo de mais de 40 anos no ramo da saúde, em conjunto com um tio e outros amigos. Foi uma empresa de sucesso por um longo período e marcou a história da saúde no meu estado, Piauí, mas que não conseguiu realizar de forma exitosa a sucessão para a segunda geração. Entretanto, todos os sócios conseguiram prover uma educação voltada para a autonomia e profissionalização de seus filhos constituindo suas carreiras independentes das empresas.

SOBRE OS AUTORES

AUGUSTO MESSIAS SEABRA

Graduado em Ciências Econômicas, especializado em Análise de Sistemas, Controladoria, Gestão de Projetos, Gestão Empresarial, e mestre na linha de Planejamento, Decisão e Gestão. Há 25 anos é consultor pela ABS Consultoria e Treinamento (sócio), atendendo empresas familiares no apoio à gestão estratégica, financeira e de processos, com ênfase na estrutura para a implementação de governança corporativa, participando em quatro conselhos de empresas familiares, e professor universitário.

NÁDIA DOS SANTOS

Graduada em Psicologia — CRP 72935 —, é especialista em Administração de Marketing, Comércio Exterior, MBA Executivo de Gestão Estratégica de Pessoas na Fundação Getúlio Vargas — FGV e mestre na linha de pesquisa: espaço, cultura e sociedade — Ciências Sociais. Atualmente trabalha como psicóloga clínica na linha cognitivo comportamental e presta consultoria pela PersonalisRH, de gestão das emoções e gerenciamento de conflito em empresas familiares. Ministra treinamento e desenvolvimento de lideranças. Docente de pós e MBA da Fundação Getúlio Vargas — FGV. Trabalha com programas de *coaching* e *mentoring* em atendimentos específicos para empresas familiares no apoio à implementação da governança corporativa.

SANMYA FEITOSA TAJRA

Bacharel em Administração, doutora em Planejamento Urbano e Regional na UNIVAP/SP. Mestre em Educação — Currículo (Novas Tecnologias) (PUC/SP). Pós-graduada em Planejamento Estratégico e Sistemas de Informações (PUCMG), Gestão Empresarial (FGV/RJ) e Gestão de Serviços de Saúde (Senac/SP). Ministra as disciplinas Novas Tecnologias na Pedagogia, Administração de Pequenas e Médias Empresas, Organização de Sistemas e Métodos, Empreendedorismo, Planejamento Estratégico, Sistemas de Informações, Liderança Estratégica em cursos de graduação em instituições de ensino superior, em cursos de pós-graduação e de extensão em EAD. É proprietária da Tajra Tecnologias, empresa de consultoria com atividades na área de tecnologia educacional e organização empresarial, na qual desenvolve projetos de Formação de Professores, Mudança Organizacional, Programas de Qualidade, Sistema ISO, Planejamento Estratégico, BSC e em outros campos relacionados à área empresarial. Já atuou na estruturação em mais de 70 organizações nos últimos 15 anos. É autora de vários livros na área de Tecnologia Educacional e de Gestão Empresarial.

INTRODUÇÃO

O livro *Empresas Familiares: Uma abordagem para pequenas e médias empresas bem-sucedidas* tem por objetivo apresentar ao leitor uma visão sistêmica das variáveis que afetam o cotidiano das empresas familiares de forma que os principais conceitos e orientações teóricas e práticas possam ser refletidos e implementados nas pequenas e médias empresas. Uma das características deste livro é a oferta de técnicas e ferramentas que podem ser utilizadas nas empresas familiares para que possam elaborar estratégias que lhes possibilitem a longevidade, desmistificando que tais orientações são aplicáveis apenas às grandes corporações.

Os capítulos foram estruturados a partir de uma visão estratégica, posicionando a empresa familiar no contexto social inerente à Revolução 4.0 e aos impactos das mudanças comportamentais das gerações que coexistem nas empresas que são afetadas diretamente pelos valores tecnológicos e sociais de cada revolução. Em seguida, são apresentadas as questões relacionadas às emoções que afetam as empresas familiares e como a inteligência emocional pode ser utilizada para que os conflitos sejam minimizados. Para conceituar as empresas familiares, buscou-se a Teoria dos 3 Círculos das Empresas Familiares, pois é a partir desse entendimento que são mapeados os principais enfrentamentos que afetam as empresas familiares: família, empresa e propriedade. Ao longo de todo o livro, o conceito da Teoria dos 3 Círculos é utilizado para que o leitor possa integrar as abordagens apresentadas. São discutidas diferentes questões e reflexões sobre o processo de sucessão familiar e de governança, de forma que o leitor possa associá-lo facilmente à sua realidade.

Por fim, os últimos capítulos apresentam mecanismos de como as empresas familiares podem estruturar a gestão, as finanças e o patrimônio de forma que estabeleçam a profissionalização de seus processos.

Os autores

APRESENTAÇÃO DA ESTRUTURA DO LIVRO

Os nove capítulos do livro *Empresas Familiares: Uma abordagem para pequenas e médias empresas bem-sucedidas* estão organizados da seguinte forma:

No Capítulo 1, é apresentada ao leitor uma breve introdução sobre o que tem impactado o ritmo das mudanças no contexto social decorrente da Quarta Revolução Industrial, também conhecida como Revolução 4.0 e provocado incertezas em todas as empresas, incluindo as familiares, gerando a necessidade da introdução de uma visão transformadora para se adaptar a um mundo em movimento.

No Capítulo 2, é apresentada uma breve introdução sobre o crescimento populacional, e com ela a convivência de várias gerações com perfis diferentes no mesmo tempo e espaço, tornando-se um convite para a convivência social com a diversidade.

No Capítulo 3, é apresentado o conceito sobre inteligência cognitiva e emocional, visto que se considera que são ingredientes importantes do sucesso, principalmente para as empresas familiares que carregam na sua essência os laços de afetividade. Além disso, o leitor terá a oportunidade de entender o processo das emoções, a empatia e as competências emocionais, e como funcionam e influenciam nos relacionamentos e na comunicação.

No Capítulo 4, é apresentada a Teoria dos 3 Círculos da Empresa Familiar e como as variáveis família, empresa e propriedade se relacionam e compõem a complexidade das empresas familiares. Também são demonstradas as fases de evolução dessas variáveis e como elas impactam umas às outras. É sugerida uma reflexão sobre as prioridades dos membros de uma empresa familiar e como elas podem variar positivamente ou negativamente na trajetória das empresas, das famílias e da propriedade.

No Capítulo 5, a sucessão é apresentada como um processo que deve começar o mais cedo possível, de forma que favoreça a longevidade da empresa. São apresentadas as fontes do processo de sucessão que resultam em conflitos, bem como algumas estratégias para compreendê-los e, consequentemente, amenizá-los.

No Capítulo 6, é desmistificado que o processo de implementação de um sistema de governança cabe apenas às grandes empresas e que promover a governança nas empresas de pequeno e médio porte não é apenas possível, mas essencial para que empresa estabeleça um sistema racional de controle de ações que permita a definição de estratégias de manutenção e aumento da longevidade das organizações.

No Capítulo 7, são apresentadas as necessidades de gestão quanto aos controles financeiros adequados a uma empresa com os obstáculos encontrados na cultura de empresas familiares a fim de alcançar os níveis de maturidade adequados à gestão profissionalizada, respeitando os processos e as atividades de todo o ciclo operacional da empresa com uma visão financeira.

No Capítulo 8, é apresentada a necessidade de a empresa criar valor para que não gere passivos futuros ou deixe de gerar riqueza para seus sócios. A robustez de suas finanças e seu valor reconhecido pelo mercado são fatores considerados relevantes para o sucesso empresarial. Esse capítulo navega pelos principais conceitos financeiros e pelas dificuldades que as empresas familiares encontram para tê-los de forma consistente.

No Capítulo 9, apresenta-se como a gestão financeira pode apoiar na dimensão de criação de valor, ou seja, do patrimônio da empresa. É feito o alerta de que nem todas as operações ou decisões geram aumento do valor da empresa e que as emoções envolvidas pela família com a gestão no negócio afetam o valor do patrimônio da empresa.

SUMÁRIO

Capítulo 1: Empresas familiares sendo impactadas pelas ondas de inovação — 1

    Introdução — 1

    Empresa familiar compreendendo o ritmo das mudanças — 1

    Empresas familiares: Bem-vindos líderes e gestores ao mundo V.U.C.A — 8

    Bibliografia — 14

Capítulo 2: Gerações que impactam a mudança de pensamento — 15

    Introdução — 15

    Governança Familiar: A família é uma estrutura social — 24

    Bibliografia — 30

Capítulo 3: Gestão de emoções nas empresas familiares — 31

    Introdução — 31

    Inteligência Emocional: como ela influencia as empresas familiares? — 31

    Conflitos disfuncionais e a gestão por competência nas empresas familiares — 51

    Como a gestão por competência pode ajudar a mitigar os conflitos disfuncionais? — 51

    Bibliografia — 63

CAPÍTULO 4: O Modelo dos 3 Círculos do Sistema de Empresas Familiares:
a prática nas pequenas e médias empresas 65

Introdução 65

O contexto das empresas familiares 66

Diferenças e semelhanças entre empresas e famílias 68

Diferentes momentos da empresa familiar: o Modelo Tridimensional do Desenvolvimento 76

Alinhamento de prioridades na empresa familiar 83

Bibliografia 86

Capítulo 5: Sucessão: como fica o depois? 87

Introdução 87

Empresa familiar e a sucessão: conceitos e conflitos 87

Expectativas e aspirações nas relações entre pais e filhos (as) nas empresas familiares 93

Características comuns das empresas familiares com longevidade:
resgate da história da empresa familiar 101

Práticas de sucesso para as empresas familiares 105

Bibliografia 109

Capítulo 6: Governança: acordos e estruturas para as empresas familiares 111

Introdução 111

Origem da necessidade de um sistema de governança nas empresas familiares 112

Técnicas e ferramentas para implementar a governança em pequenas e médias empresas 115

Bibliografia 129

Capítulo 7: A maturidade das empresas familiares — 131

    Introdução — 131

    A maturidade da gestão nas empresas — 132

    Estruturação da área financeira — 135

    Conceitos básicos para a estruturação — 146

    Padronização da estrutura de demonstração — 147

    Gestão das finanças — 148

    Bibliografia — 151

Capítulo 8: A Gestão das finanças das empresas familiares — 153

    Introdução — 153

    Fluxo de caixa — 154

    Gestão dos gastos (custos e despesas) — 158

    A alteração do ponto de equilíbrio — 163

    O demonstrativo de resultados gerencial — 165

    Gestão do ciclo operacional — 168

    Controle do capital de giro — 172

    Bibliografia — 176

Capítulo 9: A geração e perda de valor nas empresas familiares — 177

Introdução — 177

Mensuração do patrimônio — 178

Valor do intangível — 180

A criação de valor — 184

Remuneração do capital investido — 186

A criação de valor pela visão de mercado — 188

A criação de valor e a empresa familiar — 191

Bibliografia — 196

Conclusão — 199

Índice — 201

Capítulo 1
EMPRESAS FAMILIARES SENDO IMPACTADAS PELAS ONDAS DE INOVAÇÃO

"Não podemos resolver problemas usando o mesmo tipo de pensamento que usamos quando os criamos."

Albert Einstein

Introdução

Este capítulo tem por objetivo apresentar ao leitor uma breve introdução sobre o que tem impactado o ritmo das mudanças e provocado muitas incertezas nas empresas. Esse processo contínuo de modernidade e aperfeiçoamento tecnológico, chamado de Quarta Revolução Industrial, retrata as mudanças procedentes da globalização e dos avanços tecnológicos. É a Quarta Revolução Industrial convidando a empresa familiar a ser 4.0. Esse avanço da tecnologia trouxe uma série de desafios para as empresas familiares, que precisam compreender e se preparar para introduzir uma visão transformadora de adaptabilidade em um mundo em movimento. Outro tema importante é entender as características da sociedade da informação e do conhecimento, afinal, ela acompanha as ondas de inovação e se desdobra no movimento digital.

Empresa familiar compreendendo o ritmo das mudanças

O mundo corporativo rendeu-se ao código "disruptivo", palavra do francês *distuptif*. O conceito ganhou espaço e passou a ser questão de palestras, artigos e livros, um termo atualmente usual no mundo corporativo que exprime o significado de interromper a sequência habitual de um processo, e que recebeu destaque principalmente com o avanço tecnológico, as transformações digitais inovadoras que afetaram produtos e serviços.

Não é novidade dizer que estamos vivendo uma mudança na maneira de fazer negócios, e cada vez mais as empresas, todas, inclusive pequenas e médias, enfrentam os impactos do avanço tecnológico que dissemina uma revolução de comunicação.

Essa revolução trouxe alguns modelos de comportamento diferenciados — ou, quem sabe, podemos dizer disruptivos. As pessoas estão conectadas em redes em tempo integral. Existem projeções de que toda a população do globo terá acesso à internet até 2025. Se essa previsão estiver minimamente correta, o uso de mensagens de texto terá um aumento exponencial, acompanhando a tendência de demandas ainda maiores nas redes sociais. E não para por aí: o crescimento de dispositivos conectados por voz é outra tendência que deve ser observada. Acabou? Não ainda, temos as máquinas que tomam decisão, as inteligências artificiais, uma realidade já disponível no mercado e que deve ter desempenho ainda mais abrangente.

Estamos falando da Indústria 4.0, que está representada pela Quarta Revolução Industrial, termo que está sendo utilizado como forma sequencial das revoluções anteriores. Veja a Figura 1.1.

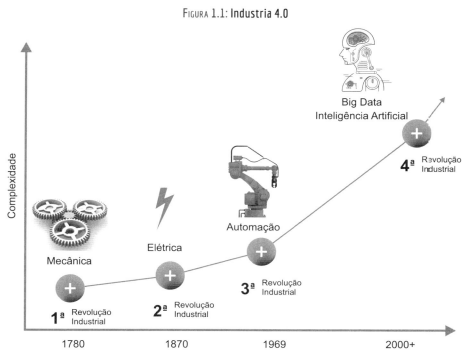

Figura 1.1: Indústria 4.0

Fonte: Adaptado de Administradores (2019)

A Primeira Revolução foi marcada pelas fábricas mecanizadas, o que trouxe um aumento da produtividade; a Segunda Revolução envolve o aprimoramento da Primeira Revolução, mas é marcada pela eletrificação; e a Terceira Revolução Industrial se inicia em meados século XX e se sobressai nas instalações automatizadas. São atividades ligadas ao mercado de computadores, softwares, transístores, destacando a robótica dando modernidade às indústrias.

Nesse processo contínuo de modernidade e aperfeiçoamento tecnológico, a Quarta Revolução Industrial tem apresentado um impacto mais intenso e exponencial do que as anteriores, pois oferece a característica específica de sintetizar aspectos físicos, digitais e biológicos.

O contexto da Quarta Revolução Industrial originou o termo "Indústria 4.0", que inicialmente foi utilizado em uma feira na Alemanha.

Esse novo momento da era industrial está sendo percebido pelo mercado como disruptivo. As evidências disso são o surgimento de empreendimentos, serviços e produtos inovadores, e outras formas de pensar, de se relacionar e agir das pessoas.

É a era da Indústria 4.0, um momento colaborativo intelectual, de aprendizado constante e para toda a vida, que vai muito além da conectividade e do potencial das tecnologias.

A tecnologia e a inovação são termos importantes para Indústria 4.0, e estão ganhando atenção e espaço de discussão nas organizações. Sua amplitude derruba as barreiras das especificidades dos departamentos. Se antes elas eram discutidas exclusivamente no setor de TI (Tecnologia da Informação), agora têm amplitude estratégica, apoiando e definindo os rumos, a competitividade e a sobrevivência das empresas.

A economia digital que envolve a Indústria 4.0 requer profissionalização em seus vários níveis. Isso significa que as empresas familiares estão contempladas, pois a profissionalização do negócio está intimamente ligada aos programas de implementação da governança corporativa. (Veja mais detalhes no Capítulo 6, dedicado à governança.)

A governança corporativa é assunto importante para empresas familiares 4.0, e ela abraça a Teoria dos 3 Círculos que são compostos das seguintes dimensões: **FAMÍLIA, PROPRIEDADE E NEGÓCIO** (Figura 1.2).

Para cada dimensão, uma governança específica:

❏ **Família**: Governança familiar

❏ **Propriedade**: Governança jurídica

❏ **Negócio**: Governança corporativa

Figura 1.2: Teoria dos Três Círculos

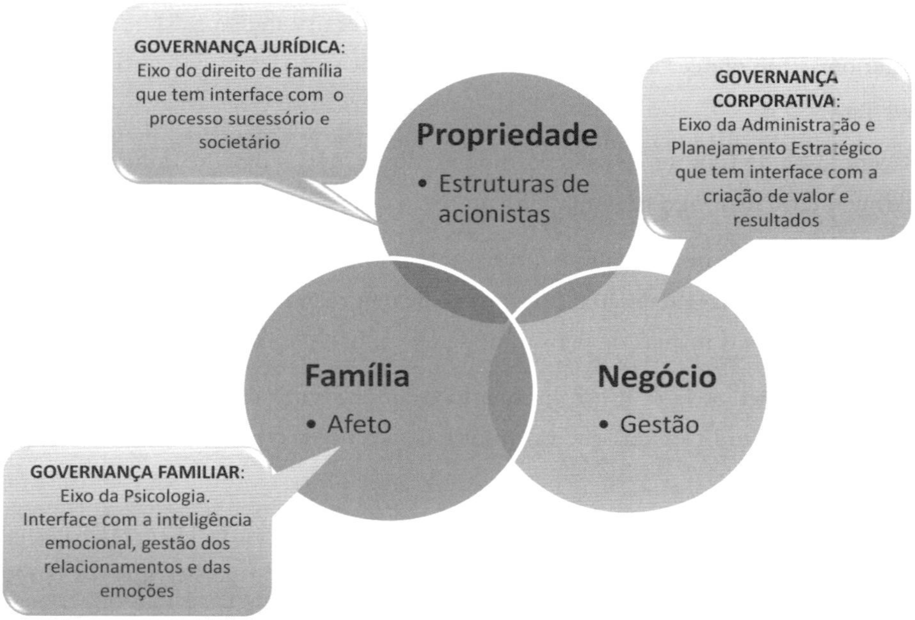

Fonte: Adaptado de Mendes (2019)

Na atualidade, encontramos empresas familiares em diversas fases de profissionalização, algumas em processos iniciais e bem confusos, outras com estruturas mais bem desenhadas, e ainda aquelas que estão com implantações avançadas, já colhendo frutos dos novos desenhos estratégicos.

É importante salientar, que na maioria das vezes, o objetivo inicial das empresas familiares está estruturado no sustento familiar, a finalidade é sempre nobre. Dessas empresas, algumas crescem e outras nem tanto, são ritmos diferentes definidos normalmente pelos perfis empreendedores do negócio. O mais importante é que essas empresas familiares foram se destacando e chamando a atenção no mercado. Empresas familiares ganharam espaço e protagonismo econômico, social e político e são consideradas agentes econômicos de relevância e em grande expansão. Nesse sentido, qualquer movimento empresarial perante as novas tendências exige flexibilidade e adaptação também das famílias empresárias.

A exposição das empresas familiares à economia digital está sendo alavancada, mesmo que de forma intuitiva, por algumas facilidades e vantagens da tecnologia que permitem fácil acesso a informações e aos clientes, como o uso do marketing digital, as vendas online e até em níveis dos processos produtivos mais complexos.

No Brasil, a tecnologia e a inovação estão em andamento. Vivemos um rito de passagem e temos uma árdua tarefa de conscientização sobre investimento em políticas de inovação. Embora as empresas estejam motivadas pelos avanços das pesquisas em tecnologias, pelo aumento da capacidade dos computadores e pelo poder de digitalização de informações, ainda é necessário ultrapassar o nível conceitual para o nível real.

Nessa movimentação toda, há de se considerar, ainda, outros fatores que representam os obstáculos, como a recessão econômica e as incertezas no comando do país. Esses acontecimentos influenciam na captação de investimentos internacionais, estabelecendo uma agenda de insegurança que se desdobra na desaceleração dos projetos nas empresas. E para aquelas empresas que pensavam em iniciar usando experiências de outras, como é o caso das empresas familiares, essa realidade se tornou ainda mais dura.

Dados estatísticos de 2018 do Índice Global de Inovação mostram que o Brasil ganhou algumas posições em referência aos anos anteriores, e ocupa hoje o 64º lugar, mas está longe dos líderes, como Estados Unidos e Canadá.

Segundo o portal da CNI (Confederação Nacional da Indústria):

> Nos últimos anos, houve aumento significativo no número de indústrias brasileiras que utilizam tecnologias digitais, ou seja, que estão na Indústria 4.0, ainda que em estágio inicial. Entre o início de 2016 e o de 2018, o percentual das grandes empresas que utilizam pelo menos uma tecnologia digital, entre as opções apresentadas, passou de 63% para 73%. Quase metade (48%) das grandes empresas industriais pretende investir nessas tecnologias em 2018."
>
> Fonte: CNI (2019)

A empresa familiar pode não estar inovando tecnologicamente de forma igualitária, como as grandes empresas, mas as necessidades ou a participação em núcleos, associações ou cooperativas levarão, em maior ou menor intensidade, a empresa familiar para a era 4.0. Em 2018, em Portugal, foi realizado um congresso de comemoração de 20 anos da Associação das Empresas Familiares, com o tema: *As empresas familiares 4.0, um exemplo da necessidade de olhar para o futuro.*

Em janeiro de 2017, o site Harvard Business Review divulgou um artigo de Kammerler e Van Essen com o título "Research Family Firms Are More Innovative Than Other Companies" ("Empresas familiares são mais inovadoras do que outras companhias", em tradução livre.)

A pesquisa publicada demonstra que as empresas familiares demoram mais para aderir à inovação, pois seus riscos são maiores, principalmente pela variável já mencionada que está ligada ao sustento da própria família, pois normalmente vários membros da empresa sobrevivem do mesmo negócio.

Dessa forma, só depois da aceitação por parte dos dirigentes, da validação dos retornos dos investimentos, das reais chances de resposta e resultados, a inovação é planejada e implementada com maiores probabilidades de dar certo. Na empresa familiar, não é simplesmente inovar por inovar.

Organizações familiares são mais conservadoras, mas a pesquisa ainda destaca que o fato de o proprietário, normalmente membro da família, conhecer muito do setor, especificamente de seu negócio e ter informações relevantes de seus *stakeholders*, passou a ser uma variável que faz diferença dentro das empresas familiares consideradas inovadoras. E tem mais um detalhe importante, que é sobre o tipo de geração da liderança: membros mais jovens em cargos de decisão possibilitam um aumento das chances de as inovações acontecerem e serem eficientes.

Diante do cenário, a pesquisa ressalta o alinhamento das inovações aos norteadores estratégicos, à carta de valor e ao modelo cultural. Inovação deve estar alinhada aos interesses dos negócios e da família e, para que isso aconteça, a palavra-chave é profissionalismo. Afinal, essa é uma oportunidade de profissionalização que reflete novas definições de modelos de negócios por meio de sistemas de gestão mais integrados com perspectivas ligadas, inclusive, às relações familiares.

Mesmo estando dentro do pacote de inovação 4.0 e com boas perspectivas de surfar nessa onda da era digital, o que é possível perceber é que as empresas familiares ainda não profissionalizadas têm diferenças sensíveis quando comparadas a outros exemplos de negócios mais profissionalizados.

Um dos limitadores da profissionalização e que reflete no "calcanhar de Aquiles" da empresa familiar é a própria sucessão. A falta de planejamento das empresas familiares no processo de sucessão significa uma grande possibilidade de o negócio sofrer com a transição de direção e comando. Você terá oportunidade de ver isso no capítulo "Sucessão: como fica o depois?"

Os processos de sucessão envolvem a participação de membros da própria família que se colocam à disposição para atuar na empresa, mas muitas vezes não são claros os motivos dessa escolha, o porquê de participar do negócio. Emoções como o medo da percepção de ingratidão ou de privilégios levam as pessoas (sucessores) a não questionarem ao tomar decisões sobre suas carreiras.

Outro fator que tem se apresentado como uma variável nas escolhas de carreira são os números de ofertas e oportunidades de emprego fora da empresa familiar. As questões já apontadas sobre as mudanças no mercado e dos índices de desemprego acentuado por crises econômicas no Brasil acabam colocando a empresa da família como alternativa de trabalho. As gerações mais novas começam a ver a empresa da família como uma possibilidade atraente ou como a única opção real.

As consultorias têm proporcionado uma percepção qualitativa, mas que evidencia certa diversificação sobre os argumentos recebidos pelos filhos (futuras gerações de sucessão). Alguns pais se sentem honrados com a presença dos filhos e enxergam com orgulho a sucessão imediata; outros gostariam que os filhos (sucessores) tivessem experimentos fora, entendem que experiências em outras empresas trariam o valor do trabalho "duro" ou até mesmo o ganho de novas competências e melhores práticas, incluindo as tecnológicas, aquelas que estão impactando todas as formas de gerir os negócios.

Empresas familiares: Bem-vindos líderes e gestores ao mundo V.U.C.A

Como mencionado, a crise afetou, e muito, o mercado de trabalho e tem dificultado as transações que determinam vínculos empregatícios. Não há um discurso otimista entre os pesquisadores da área, e alguns vão mais longe, dizendo que essa realidade não é somente causada em função dos movimentos da econômica do país, mas que há uma interferência das tecnologias que substituem pessoas nas tarefas mais padronizadas.

Existe um conjunto de fatores, e isso inclui efetivamente as ferramentas facilitadoras, como softwares e máquinas que automatizam os processos e aperfeiçoam as produções.

De fato, globalmente estamos vivendo tempos disruptivos, e a consequência disso é o aparecimento frequente de pensamentos de preocupação sobre o futuro. Há uma ansiedade autêntica dos empresários sobre as inseguranças pessoais e profissionais.

Nesse sentido, nem as melhores previsões econômicas possibilitam clareza sobre a exatidão da extensão dos desafios que as empresas familiares enfrentarão. Sensações de indecisão potencializam e fazem parte da rotina dos gestores, principalmente quando se experimenta o que significa mais concorrência, mercado mais ágil, agitado, incerteza de futuro e mais dificuldades de investimentos.

A empresa familiar está navegando nesse mar turbulento, e isso inclui enfrentar as ondas de inovação. Como sempre, navegar em mares desconhecidos é uma oportunidade de aperfeiçoamento e de (re)aprender, pois, como diz o ditado, mares calmos não fazem um bom marinheiro.

A empresa familiar pode se posicionar de forma positiva e encontrar alternativas para se destacar nesse cenário. Movimentos de mudança carregam tomadas de decisão, e sempre existirão ações que acarretem ônus e bônus. Gerenciar riscos é uma competência desse mundo volátil. É hora da reorganização de posicionamentos das empresas, e quem conseguir surfar nas ondas positivas provará que é possível encontrar um lugar ao sol.

Lógico que diante de tantas alterações, novas atividades surgirão para os gestores e líderes, exigindo combinações superiores de competências. Nessa nova mudança de orientação, o destaque está nas habilidades sociais, emocionais e cognitivas.

As empresas de todos os modelos e eixos deverão, por meio de seus gestores, valorizar e cultivar fluxos de atividades que alinhem pessoas e máquinas, processos que exigirão uma liderança flexível e adaptativa que se posicione como desenvolvedora de equipes para novas experiências de clientes internos e externos.

Esses líderes mais familiarizados com o digital serão mentores das pessoas em vários níveis e escalarão o aprendizado a um patamar que seja muito maior do que resolver problemas. Será necessária mente aberta para interpretações de cenários complexos, incluindo redesenhar cargos, remunerações e a própria cultura, incluindo agora uma visão para funções tecnológicas em um mercado digital e que apoia a diversidade.

E como ficam as empresas familiares e seus gestores nesse novo cenário?

As empresas familiares não podem ter ações isoladas. Elas terão de ter processos que vão desde a reorganização das regras internas da família até a discussão sobre o futuro da empresa, modernização, e isso passa por profissionalização e treinamentos para capacitá-los a conduzir os negócios.

Tecnologia e metodologias ágeis ajudam nos processos e garantem que as informações cheguem em tempo hábil para as discussões e direcionamentos.

Essa mudança de mentalidade e de posicionamento tem acontecido pela força do mercado, nem todas as empresas familiares planejaram essa modernização, e as empresas que estão fazendo foram nessa linha muito mais pela pressão oriunda dos resultados.

Esse movimento tem sido um convite aos gestores e líderes a se prepararem mais na gestão das pessoas, dos processos e da tecnologia. Com tanta coisa acontecendo ao mesmo tempo, muitos gestores começaram inclusive a olhar os departamentos como um todo com maior atenção e a reestruturar estrategicamente suas ações, otimizando melhor seus recursos. Isso inclui serem mais humanos, valorizando e ouvindo colaboradores, afinal, as máquinas apresentam as capacidades técnicas de precisão, mas são as pessoas quem determinam os relacionamentos com clientes.

Outro fator é a mudança de percepção da gestão. Agora é sair do posicionamento das respostas certas e se colocar como expert das perguntas.

A liderança terá um leque de possibilidades, mas terá de estar sustentada na coordenação de esforços entre máquinas e pessoas, e principalmente na tarefa de sintonizar as ações da empresa na conduta ética, afinal, surge um novo perfil do consumidor.

O ritmo de modificações no mercado parece uma trajetória longa, e seus efeitos determinarão perspectivas empreendedoras que explorem essa jornada de efeitos transformacionais de configuração sustentável, um espaço ampliado, aberto para o moderno.

Portanto, é possível afirmar que o tema sobre mudanças rápidas e profundas na humanidade é definitivamente complexo. Destaco a palavra "rápidas", pois é ela que distingue, isto é, que diferencia o impacto do que sentimos hoje em comparação com outras mudanças já vivenciadas.

Considerando esse período de transformações constantes que exigem atenção para encarar os condicionantes das mudanças em um ambiente desafiador, alguns teóricos dizem que esse contexto de turbulência e imprevisibilidade se denomina **Mundo V.U.C.A.**, um acrônimo para descrever a volatilidade (*volatility*), a incerteza (*uncertainty*), a complexidade (*complexity*) e a ambiguidade (*ambiguity*) das situações que estão impactando o dia a dia das empresas.

As quatro forças do Mundo V.U.C.A. estão provocando as organizações a se reinventar e ajustar suas estratégias.

Compreendendo as quatro forças do modelo Mundo V.U.C.A.:

- ❒ **Volatibilidade:** Um movimento dinâmico e volúvel em que a velocidade é a força motriz que desencadeia mudanças repentinas. As flutuações econômicas dificultam previsões orçamentárias.

- ❒ **Incerteza:** Abrange o inesperado, a imprevisibilidade. Um exemplo é a ruptura brusca com produtos e serviços tradicionais, que estão sendo substituídos por tecnologia. É o surgimento de novos modelos de negócios que alteram hábitos dos consumidores.

- ❒ **Complexidade:** Interconexões de informações e dados com volumes expressivos dificultando um exame crítico abrangente e sistêmico. Dificuldade para determinar os fatores principais de sucesso do negócio.

- ❒ **Ambiguidade:** Significado composto, dificuldade na clareza das informações, aumentando a possibilidade de uma leitura distorcida. A ambiguidade é a representação das contradições de uma sociedade líquida e fluida que simboliza o estado temporário das relações.

FIGURA: 1.3: Entendendo o que fazer em um Mundo V.U.C.A.:

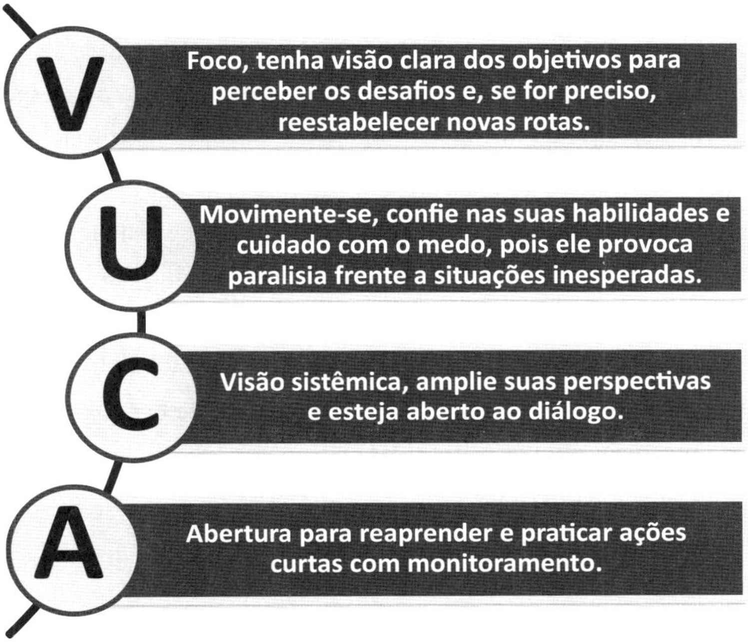

V — Foco, tenha visão clara dos objetivos para perceber os desafios e, se for preciso, reestabelecer novas rotas.

U — Movimente-se, confie nas suas habilidades e cuidado com o medo, pois ele provoca paralisia frente a situações inesperadas.

C — Visão sistêmica, amplie suas perspectivas e esteja aberto ao diálogo.

A — Abertura para reaprender e praticar ações curtas com monitoramento.

Fonte: Adaptado de Gabriel (2019)

"O ambiente V.U.C.A. é tudo que as empresas familiares não esperam vivenciar. Elas normalmente cultivam valores bem conservadores inspirados na gratidão com seus fundadores, esse sentimento de agradecimento é ótimo, mas não pode paralisar a empresa e impedir que novas estratégias e formas de processos sejam praticadas."

Fonte: Autor

Diante dessas forças, o fundamental é que os gestores repensem suas estratégias e promovam uma cultura de revisitação constante, ajustando seus objetivos com as demandas de tempos em tempos. As empresas familiares de pequeno e médio porte não estão fora do contexto das mudanças, reforçando o que já foi exposto.

Outro fator importante é a tomada de decisão, uma ação empreendedora concreta dos gestores para momentos instáveis. Um dos maiores riscos empresariais é perceber a mudança, entender o tipo de situação com que se está lidando, planejar e não tomar uma ação proativa e correr o risco de ficar no meio do caminho entre os dois mundos.

Vale destacar que a velocidade é o vetor determinante e constante desse cenário. Nesse sentido, a empresa familiar passa a ter uma variável de monitoramento e superação. Muitas famílias têm ritmos próprios. Qualquer movimento de aceleração feito de forma desestruturada e sem planejamento, sem uma configuração respeitosa, mas assertiva, de sensibilização do núcleo familiar, pode causar um efeito rebote. O retrabalho consumira muita energia.

O Mundo V.U.C.A. é um cenário de provocação para o desenvolvimento de habilidades diferenciadas que solucionem problemas antigos e outros inéditos. Um convite para ampliar e explorar o potencial criativo para encarar projetos por perspectivas diferentes e ser um agente de mudança frente a mais uma revolução industrial.

Fique de olho: teremos a oportunidade, mais adiante, de detalhar as *competências específicas* para prosperar em um Mundo V.U.C.A.

Nesse cenário de mudanças globais, os especialistas esperam que o Brasil foque uma agenda que acompanhe as tendências de futuro.

Ritmo de mudanças – Principais Tendências

❒ Avanço do poder de processamento dos computadores;

❒ Desenvolvimento de novos materiais e da biotecnologia;

❒ Geração Y chegando a cargos de liderança;

❒ Internet das Coisas;

❒ Mobilidade e computação em nuvem;

❒ Novas formas de produzir energia;

❒ Poder econômico das mulheres;

❒ Urbanização — Cidades Inteligentes.

#Ficaadica

Quer saber mais sobre o assunto?
Acesse: https://www.youtube.com/watch?v=ZuEF76Xs_Mw

Agora é com você

As questões a seguir devem ser respondidas individualmente pelos líderes da empresa familiar. Sempre utilize a empresa da família como referência para responder às questões. Procure responder com muita sinceridade, de forma desapaixonada. O correto é que mais de uma pessoa que esteja envolvida na liderança da empresa responda às questões.

Depois de as questões serem respondidas, devem ser levadas para discussão em plenária de líderes, para a unificação de ideias e tomadas de decisão. Se for necessário, em função de possível desgaste dos membros da família, essas reflexões podem ser acompanhadas por um mediador interno ou externo.

1. Quais são as maiores incertezas que a empresa familiar vive no momento?
2. O que é inovação para a empresa familiar?
3. A família e o negócio estão preparados para a empresa familiar 4.0? Em caso de resposta negativa, complementar: Quais as sugestões para essa preparação?
4. Quais são as principais barreiras para inovar em seu negócio? Liste as barreiras com detalhes.

Lições Aprendidas

Neste capítulo você teve uma breve introdução sobre o ritmo das mudanças provocadas pela tecnologia, e compreendeu que as questões sobre incertezas nas empresas familiares já uma realidade. Passamos ainda pelas revoluções e deixamos uma reflexão sobre o assunto dentro da empresa familiar, existe alternativa para não ser uma empresa familiar 4.0? Você ainda pode perceber que a introdução de uma visão transformadora de adaptabilidade em um mundo em movimento não é mais uma questão de competitividade, mas de necessidade.

Bibliografia

Administradores, disponível em: ‹https://administradores.com.br/artigos/a-quarta-revolucao-industrial›. Acessado em: mar. 2019.

CNI. Portal da Indústria. Disponível em: ‹http://www.portaldaindustria.com.br/estatisticas/pqt-investimentos-em-industria-40/›. Acessado em: 18 de jan. 2019

Gabriel, Martha. Disponível em: ‹https://www.martha.com.br/sebrae-digital-seu-negocio-esta-preparado-para-o-mundo-vuca/ ›. Acessado e: fev. 2019.

Global Family Business Index. Disponível em ‹http://familybusinessindex.com/ ›. Acessado em: 07 de fev. 2019.

IE Business School. Disponível em: ‹https://www.ie.edu/es/executive-education/programas/empresa-familiar-4-0/›

Kammerler, Nadine; Van Essen, Marc. INNOVATION – Research: Family Firms Are More Innovative Than Other Companies. Disponível em: ‹https://hbr.org/2017/01/research-family-firms-are-more-innovative-than-other-companies ›. Acessado em: 18 de jan. 2019

Mendes, Luis Augusto Lobão. Coleção Família e Negócio: *Os desafios da empresa familiar*. Vol. 1. eBook Kindle, 2019.

Revista on line *Harvard Business Review*. Disponível em: ‹https://hbr.org/2017/01/research-family-firms-are-more-innovative-than-other-companies ›. Acessado em: mar. 2019.

Revista *Época Negócios*. Disponível em: ‹http://epocanegocios.globo.com/Informacao/Resultados/noticia/2015/04/brasil-tem-15-empresas-entre-maiores-companhias-familiares-do-mundo.html ›. Acessado em: 19 de fev. 2019.

Capítulo 2
GERAÇÕES QUE IMPACTAM A MUDANÇA DE PENSAMENTO

"Não é o mais forte que sobrevive, nem o mais inteligente, mas o que melhor se adapta às mudanças."

Charles Darwin

Introdução

Este capítulo tem por objetivo apresentar ao leitor uma breve introdução sobre o crescimento populacional, mais gente no mundo vivendo e compartilhando ideias e interesses; mais pessoas de gerações diferentes, juntas, dividindo o mesmo espaço de trabalho. Cada geração tem uma característica sobre entender e perceber as relações. Gerações que estarão envolvidas no processo sucessório. Será apresentado também o perfil das gerações e como elas impactam na mudança de pensamento e na forma de relacionamento das pessoas nas empresas familiares, um convite à diversidade. Dentro do eixo relações, destacaremos a questão de sociabilidade, afinal, a família é uma estrutura de convivências sociais.

Visão transformadora de adaptabilidade em um mundo em movimento.

A perspectiva de envelhecimento da população está intimamente ligada aos avanços científicos e tecnológicos, e toda vez que passamos por mudanças como a que estamos vivenciando, multiplicam-se as alterações de adaptação da sociedade, a expansão dos impactos e os desafios sociais. Uma dessas expansões continuadas está relacionada ao aumento populacional, que é uma realidade, conforme dados estatísticos da Divisão da População da Organização das Nações Unidas (ONU) (Figura 2.1).

Essa é uma questão complexa e que tem implicações expandidas em assuntos sociais, econômicos e políticos. O tema coloca em pauta eixos como saúde, envelhecimento populacional, migração, urbanização, habitação e recursos hídricos, entre outros.

FIGURA 2.1: Projeção e envelhecimento da população mundial

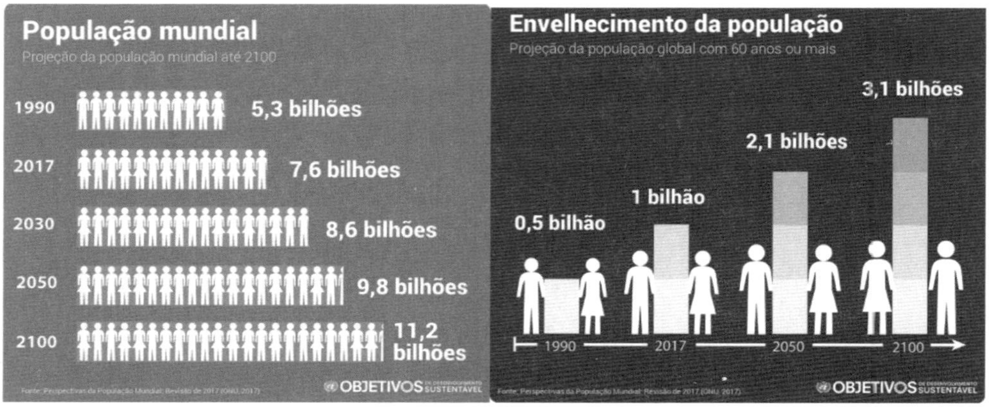

[Figura com dois gráficos: População mundial - Projeção da população mundial até 2100: 1990 - 5,3 bilhões; 2017 - 7,6 bilhões; 2030 - 8,6 bilhões; 2050 - 9,8 bilhões; 2100 - 11,2 bilhões. Envelhecimento da população - Projeção da população global com 60 anos ou mais: 1990 - 0,5 bilhão; 2017 - 1 bilhão; 2050 - 2,1 bilhões; 2100 - 3,1 bilhões.]

Fonte: Perspectiva da População Mundial — Período de 2017 (2019).

Os dados representados no relatório não só apontam o aumento populacional, mas destacam que esse crescimento está previsto, em parte, pelos 47 países menos desenvolvidos.

#Ficaadica

Quer saber mais sobre o assunto?

Acesse: https://population.un.org/wpp/ (conteúdo em inglês)

Nesse sentido, chamamos a atenção não só para o crescimento, mas para o fator de envelhecimento populacional. Com mais gente no mundo, os países buscam alternativas para manter as pessoas integradas, e isso passou a ser um desafio. Sobre essas circunstâncias, nas empresas familiares é previsível discursar sobre a convivência de gerações dentro do mesmo espaço e tempo. As gerações historicamente sempre influenciaram a sociedade, inclusive nas transições dentro das organizações.

O envelhecimento da população tem implicações na saúde, na aposentadoria e, consequentemente, no mercado de trabalho. Vivendo mais e com capacidade de saúde mental e física para produzir, as pessoas querem se manter ativas e produtivas.

Dessa forma, podemos observar que existem várias gerações trabalhando juntas, interligadas. Em empresas familiares, isso tem se tornado uma complexidade quando falamos de fundadores e de processo sucessório.

Na atualidade, quatro gerações estão no mercado de trabalho; a Geração Baby Boomer, e as gerações X, Y e Z.

A Geração Baby Boomer ainda está na ativa, de forma mais ajustada, e pode ser encontrada nos gabinetes de conselhos administrativos e nos comandos estratégicos ou consultivos. Essa geração se caracteriza pela formalidade, tiveram um modelo educacional mais rígido, marcado pela disciplina, são leais às organizações e geralmente valorizam as tradições. Essa geração entende o trabalho como prioridade na vida, gosta da segurança, empregos fixos, que permitem maior estabilidade, e quer ser mais reconhecida pelas experiências do que pela forma de inovação nas atividades. Nos relacionamentos, os indivíduos dessa geração colocam papéis bem definidos, respeitam a hierarquia e têm normas e regras mais bem definidas para as relações de família.

A Geração X é a dos nascidos entre 1961 a 1980. É possível encontrá-los nas áreas gerenciais e de gestão. Essa geração presenciou alguns movimentos revolucionários e fatos históricos. São filhos de pais que trabalhavam fora, e nessa época o número de divórcios teve aumento significativo. Quanto às características, apresentam um modelo mais descrente, altamente disposto para o trabalho. A Geração X é caracterizada pela dedicação ao trabalho. Querem chegar ao sucesso, por isso não medem esforços para conquistar cargos de destaque e conforto financeiro. Muito mais *workaholics*, têm relações baseadas em interesses e parcerias que fomentem o status de bem-sucedidos profissionalmente. Na família, são pais, em sua maioria, defensores dos relacionamentos convencionais e das formas mais tradicionais de estrutura familiar.

Com o avanço da tecnologia, surge a Geração Y, considerada a geração da internet. Os Y são pessoas que cresceram em um movimento econômico favorável. Nesse sentido, eles vivenciaram um sistema de ofertas mais abundantes em termos de mercado, e com isso desenvolveram uma atitude de carreira ambiciosa, não aceitando tarefas com atributos direcionados a desafios irrelevantes. Nessa busca pelo crescimento profissional, trocavam de emprego com muita frequência. A Geração Y é aquela que propõe um significado de fonte de satisfação ao trabalho, com propósito, procurando equilíbrio da vida pessoal com a profissional. Outras características importantes dessa geração é a de fazer várias coisas ao mesmo tempo, como ouvir música enquanto digita ou lê e-mails. Gostam de se relacionar com multiculturas, de viajar e expressar-se livremente. São defensores da diversidade. Querem novas experiências no curto prazo, e nos relacionamentos buscam feedbacks constantes. As pessoas dessa geração estão chegando para ocupar atividades estratégicas, e alguns já exercem cargos de liderança das empresas.

A Geração Z é a que está intrinsicamente ligada com a evolução exponencial da tecnologia. Os jovens dessa geração são aqueles que não compreendem o mundo sem computador, essa geração está sempre conectada com o mundo virtual. A Geração Z é a geração mais recente, são os nascidos no ambiente digital. São conectados e não conseguem imaginar o mundo sem a internet. É exatamente por isso que essa geração considera muitas realidades, a virtual e presencial, sempre vivendo de formas múltiplas, com muitas informações e facilidades tecnológicas para a realização de tarefas rotineiras e nos relacionamentos. Nasceram e estão crescendo com um volume enorme de informações ofertadas pela internet. Para esses jovens, a interação maior está sendo realizada pelas redes sociais virtuais, e isso se tornou também um desafio de isolamento. Estão fechados em seus fones de ouvido e celulares, em diversos ambientes, por isso apresentam preferência por carreiras informais que permitam *home office*.

Fique de olho

Teremos espaço exclusivo neste livro para falar sobre sucessão familiar, alguns conceitos e características de gerações explanadas nesse capítulo que auxiliarão na compreensão do processo sucessório.

Gerações que impactam a mudança de pensamento

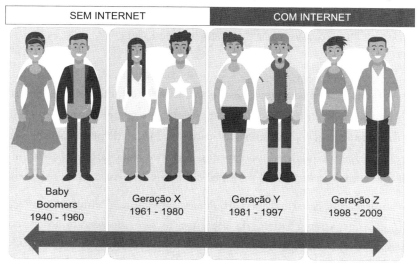

Figura 2.2: **GERAÇÕES que impactam o MERCADO e influenciam o ritmo das MUDANÇAS**

Fonte: Tajra e Santos (2014)

Em decorrência do processo de globalização, que se desdobrou em rápidas mudanças sociais, políticas e econômicas, é importante compreender as características das gerações, afinal, elas influenciaram e foram influenciadas na construção desses panoramas históricos e culturais.

Cada geração tem suas particularidades, pois fazem parte de estruturas contextuais de tempos diferentes. Não devemos categorizá-las com atributos melhores ou piores, mas nos exige reconhecer e compreender suas diferenças, afinal, com os avanços expandidos sobre a perspectiva de vida na atualidade, o convício entre elas é cada vez maior, e isso, consequentemente, proporcionará inúmeros aprendizados e desafios de convivência, em função de visão de mundo, das prioridades, dos valores e das crenças.

Os relacionamentos das famílias e das empresas estão sempre sustentados pelas formas de perceber o mundo.

Quando abordamos o tema gerações, não há esforço para vincular o assunto sobre sucessões em empresas familiares. Muitas das gestões de empreendimentos brasileiros são de propriedade familiar e apresentam relacionamentos conflituosos fomentados pelas diferenças abordadas, choque de valores, e visões de mundo bem diferentes, provenientes das percepções sobre sucesso e autorrealização, colocam o ambiente familiar e profissional em um campo de negociações e imposições.

#Ficaadica
Quer uma dica de vídeo sobre o assunto?
Acesse: https://www.youtube.com/watch?v=98e6rKv9l00

Estamos falando de várias gerações juntas, e não de somente duas ou três, como foi algum tempo atrás, antes de todas essas mudanças tecnológicas. Na atualidade, o aumento de grupos de gerações tem significado mudanças de pensamentos e diversidade. Com eles, surgem conflitos e confrontos. Nas empresas familiares, isso já era uma realidade, mas com o acréscimo de mais pensamentos diferentes, tudo se potencializou.

Riscos aumentados, cenários mais turbulentos, a Geração Y, também conhecida como *Millennial*, está chegando à cadeira da liderança, os *Baby Boomers* estão nos conselhos, e os *Z* querem buscar seu lugar ao sol.

As empresas familiares buscam alternativas para se adaptar ao novo panorama de mudanças de pensamentos. Essa acelerada mutação afeta empresas de forma macro e, com certeza, a forma de as pessoas se relacionarem.

É um momento que exige ajustamento nas estratégias. Se está difícil para empresas não familiares, aquelas somente com vínculos temporários, imagine para aquelas que têm vínculos afetivos no centro de sua existência.

É exatamente nas empresas familiares que o enredamento de relações e sentimentos se confunde com as funções empresariais. Imagine o universo de desafios empresariais e de relacionamentos que os negócios familiares enfrentam? Empresas familiares carregam no cerne a complexidade de relações interpessoais e intrapessoais, sempre cheias de emoções e sentimentos.

Fazer acomodações para o novo traz o dilema de transições de cultura, do modelo de comando.

Quem são as pessoas preparadas para a direção do negócio? Como a empresa se posicionará com as tecnologias, e quanto de investimento será necessário? Para enfrentar tantas incertezas e paradigmas, é imprescindível coragem, realismo e determinação.

Os desafios estão também nas boas práticas da aceitação da diversidade. É claro que as empresas de um modo geral têm focado suas energias para criar programas que fomentem a sensibilização e aceitação da diversidade. Agora, quando falamos de empresas menores e familiares, a realidade é a de que projetos de diversidade são escassos, com muitas limitações sobre esse assunto.

A diversidade traz pensamentos diferentes, e isso é muito mais do que diferenças de gênero. Pensar diferente é trazer novas possibilidades e perspectivas, e isso tem sido fundamental para a sobrevivência das empresas.

Essa pauta tem de ser colocada para discussão na mesa dos conselhos e comitês familiares, principalmente em função da aproximação de membros mais jovens na direção da empresa.

Estabelecer metas e objetivos baseados em opiniões e pontos de vista diferentes mostra verdadeiramente o pensamento dirigido para empresas bem-sucedidas e serve de exemplo para as empresas familiares serem inovadoras e crescerem. Lembre-se: diversidade é muito mais que gênero e diferença de idade. As gerações podem contribuir muito, e de maneira simples, incluindo nos primeiros passos uma visibilidade nas mídias sociais, por exemplo.

Gestores de empresas familiares que estão abertos para novos hábitos e costumes desempenham ensinamentos que fomentam a aceitação e o encorajamento no modelo de apoio à cultura da diversidade nas equipes.

Agora é uma questão de decisão, relembrando que tudo isso está acontecendo com uma velocidade extrema, e se as organizações não acompanharem o ritmo, correm o risco de se tornar obsoletas.

Como fazer um ajuste de rota na cultura da empresa familiar?

Falar de mudança de cultura é um assunto delicado, pois ela está fundamentada no conjunto de valores que definem a empresa. Os valores são a forma de agir, as crenças e objetivos que determinam como a empresa se posicionará nos relacionamentos, por meio das suas políticas, normas e processos.

Resumindo, a cultura organizacional é a regra da empresa e pode ser percebida inclusive nos comportamentos informais dos colaboradores. Hoje, a cultura de uma empresa é fator determinante para a motivação e desmotivação de colaboradores.

No cenário brasileiro, uma pesquisa realizada pela PwC Brasil (2019) analisou 2.953 empresas em 53 países, incluindo o Brasil, em 2018, e o relatório resultante revelou que os valores fortes, isto é, uma cultura sólida, são o que impulsiona as empresas familiares a crescer mesmo diante de um ambiente disruptivo.

Esse relatório apresentou também três principais desafios das empresas familiares que estão relacionados com alguns temas apresentados neste livro.

> Os três principais desafios citados pelas empresas familiares globais são inovação (66%), acesso às habilidades e competências certas (60%) e digitalização (44%). Ao todo, 80% avaliam que a digitalização, a inovação e a tecnologia, consideradas em conjunto, são um desafio importante a ser encarado.
>
> PwC Brasil, 2019

Uma boa parte dos empreendimentos brasileiros é formada por membros da própria família. Esse segmento de gestão empresarial, no que se refere à economia de produção ou de produtividade, representa uma fatia importante do cenário econômico nacional e global, e esse assunto merece ser explorado. Segundo o Encontro de Empresas Familiares (2019), doravante ENEF, as empresas familiares no Japão e na Itália representam em média 90% do Produto Interno Bruto (PIB), e em alguns países esse valor pode ser ultrapassado. Ainda segundo o ENEF, essas empresas também são responsáveis por 75% de todas as companhias do mundo, proporcionando uma geração de empregos em torno de 40% a 80%.

No Brasil, os dados levantados pelo ENEF revelam que as empresas familiares representam em torno de 40% do PIB, dados de 2016. Outros indicadores sobre a participação do PIB brasileiro, mensurados pelo Instituto de Geografia e Estatística (IBGE) e pelo Serviço Brasileiro de Apoio às Micros e Pequenas Empresas (SEBRAE), indicam um aumento na participação próximo dos 65%, e sinalizam ainda que 75% da força de trabalho no país são sustentados por esse segmento familiar.

No entanto, empresas familiares, mesmo tendo essa representatividade econômica, enfrentam problemas constantes e muito específicos. Um dos desafios que demanda energia é a sobrevivência, isto é, a vantagem competitiva para perpetuar o negócio, englobando relações familiares e o planejamento sucessório, o que envolve a questão cultural da empresa.

Essas variáveis exigem ainda mais da gestão estratégica de equilíbrio e reivindicação ainda maior de sinergia que estabeleça definições claras dos papéis pessoais e dos interesses da empresa. Assim, as políticas e os valores devem estar bem definidos.

Como mencionado em outro capítulo, existe uma mudança em curso, e até em momentos de crise pode-se vislumbrar oportunidades de mudança. Empresas que se deparam com a crise buscam alternativas de sobrevivência, e essa necessidade normalmente permite flexibilização e adaptação.

A pesquisa realizada pela PwC em 2016, aplicada em 2.802 líderes executivos em 50 países, incluindo o Brasil, revela dados significativos que corroboram a importância na exploração do assunto "crise" nas empresas familiares. A PwC Brasil (2019) demonstra que:

> Os resultados mostram que as empresas familiares brasileiras sentem os impactos da grave crise que afeta o país desde 2014. O percentual de participantes que registraram crescimento nos últimos 12 meses caiu de 79% naquele ano para 42%. No mundo, o nível se manteve estável em 64%.

Se de um lado os aspectos externos tiram o sono da família, do outro, os internos, como os relacionamentos, podem ter uma oportunidade, impulsionados pelo momento de sobrevivência.

Exercer a gestão de uma empresa familiar requer competências e habilidades que disciplinem e apoiem a organização da empresa externa e internamente.

Essas competências não são transferidas por laços sanguíneos, e quando a gestão não é efetivada com resultado, as disputas emocionais, os *conflitos* e os *confrontos* familiares comprometem as posições de poder, os valores culturais e de decisão, e, consequentemente, abalam os resultados. Arrume a rota da empesa por meio de processos contínuos, e não simplesmente por eventos pontuais.

A aplicação da governança é um excelente passo para a construção de novas possibilidades e a prática da transparência, que pode vir com a ajuda de profissionais experientes nas áreas mais envolvidas. O objetivo é sempre construir pontes entre os membros, e não fazer muros. Com relacionamentos mais saudáveis e disputas menos acirradas, o objetivo passa ser comum ao núcleo de decisão, e prevalece o bem-estar da empresa e, consequentemente, de todos que fazem parte dela.

Fique de olho:
Teremos um capítulo especial tratando de emoções e sentimentos. Esses são responsáveis pela qualidade dos relacionamentos, que são determinantes nas negociações e, consequentemente, para boa saúde física e psicológica da família e da empresa.

Governança Familiar: A família é uma estrutura social

Até aqui vimos que as transformações fazem parte da história econômica e social do mundo, e que os processos evolutivos de máquinas e tecnologias impulsionam a viagem sem fim das empresas, inclusive as familiares.

Porém, é importante considerar que em toda viagem surgem elementos desconhecidos que aparecem surpreendendo as estratégias mais consolidadas e assustam os fundadores e seus dirigentes.

Existem trechos dessa viagem que, por mais que tenham sido planejados, podem surpreender famílias experientes, afinal, as referências das mudanças anteriores não traziam tanta velocidade e volume de informação. E não para por aí. Surge também aquele indivíduo mais conectado, que pode, inclusive, fazer parte do universo da família que atua em rede, que não necessita mais exclusivamente das instituições para conseguir se conectar e comunicar seu posicionamento no mundo.

Essa viagem realmente traz paisagens e roteiros diferenciados, e as ferramentas trazidas na bagagem dos gestores podem estar obsoletas, e mesmo aquelas que ainda funcionam podem não responder com tanta eficiência como em outros tempos.

E, quando os resultados não são os mesmos, está na hora de redirecionamento. Para novos desafios, são necessárias ferramentas mais modernas para a resolução de problemas mais complexos e interações mais rápidas, pois a questão agora é a interdependência com cooperação, no lugar somente da competição, é adaptar-se ao compartilhamento das novas composições sociais nesta era da conectividade.

Conexões de pessoas e ideias estão sempre no núcleo da formação das estruturas sociais, e essas relações se expressam em condutas dirigidas à reciprocidade e aos compartilhamentos.

A família é uma estrutura complexa de relacionamento humano, e o ato de manter essa estrutura é chamado por muitos autores de governança familiar. E por lidar com os laços de afeto, união e até comprometimento sentimental, alguns segredos ou combinações entre os participantes do círculo se desdobram em desejo de guardá-los, resistência na exposição para outros membros da família ou até mesmo para profissionais que estejam envolvidos, e isso dificulta que o assunto seja discutido.

Os segredos que geram confrontos de família, quando não tratados, são autossabotadores e em algum momento atuam negativamente nas relações, o que pode durar anos, podendo atingir a cadeia de planejamento da empresa em todos os níveis: operacional, tático e estratégico.

As perdas são bilaterais: perde a empresa, perde o núcleo familiar. Esses movimentos são críticos ao ponto de refletir na falência dos sistemas. Onde há relacionamento é preciso ter negociação, e isso só acontece quando estruturado na confiança, credibilidade e transparência.

Os segredos de família podem atuar em esferas conscientes e inconscientes, construídas ao longo da vida familiar. Estão sempre alojados no campo das emoções e dos sentimentos como o rancor, a raiva, o ciúme, a inveja, a vaidade, a culpa, o medo, a honra, a baixa autoestima e a insegurança. Muitos outros sentimentos poderiam ser citados, e é importante deixar claro que muitas dessas emoções ou sentimentos atuam para ajustamento de comportamentos. Como em um movimento alquimista, esses elementos podem agir sozinhos e/ou de forma combinada, e podem ser acionados em momentos específicos.

O que se pode afirmar é que, quando aparecem, comprometem todo o relacionamento. É fato que as emoções e os sentimentos por meio dos comportamentos interferem no resultado financeiro das empresas e nas suas estratégias competitivas. Falaremos de emoções e inteligência emocional mais adiante.

A família é uma estrutura social, está motivada pelo compartilhamento de um conjunto de valores e significados representacionais de laços afetivos e sentimento de pertencimento. Existe uma cultura familiar com crenças e valores independentemente de esses estarem organizados, tanto pelo conhecimento tácito como pelo explícito.

As empresas familiares são organizações com núcleos específicos dessa composição social e apresentam atributos próprios em função das combinações de perfis *familiares*, da *propriedade* e do *negócio*.

No Capítulo 4, intitulado "Entendendo na prática os três círculos de sua empresa familiar", você terá uma visão sistêmica dos círculos. Nesse momento, destacaremos a dimensão família, pois ela representa as conexões de afeto, união e compromisso. Veja a Figura 2.3.

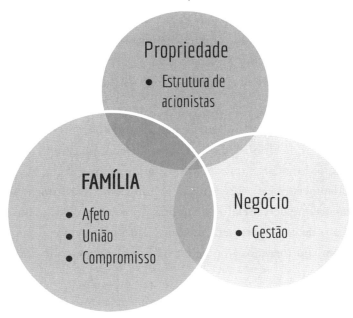

Figura 2.3: Três círculos | dimensão FAMÍLIA

Fonte: Adaptado de Merdes (2019)

O sistema de confiança e harmonia está caracterizado na dimensão família, é por isso que os confrontos e conflitos que normalmente ocorrem na família, e que são inerentes ao processo de se relacionar, são fomentados nessa dimensão.

A busca do equilíbrio e gerenciamento das relações agrega valor e ajuda no movimento contínuo dos dois outros círculos (propriedade e negócio), em uma animação de interdependência.

No Brasil, é possível verificar que não há o hábito de se preparar as famílias para discussões que permeiam as especificidades das empresas familiares. Nesse sentido, estamos falando de "todos os membros de família", as pessoas que estão envolvidas direta ou indiretamente no negócio, não apenas as que trabalham na empresa.

Relembramos que a família é um conjunto de pessoas que estão interligadas por conexões, afinidades que são legitimadas pelos laços sanguíneos, psicológicos, afetivos e emocionais. Os valores do núcleo da família são elementos importantes dessa dimensão, como ética e moral, a cultura e a religiosidade.

Nessa dimensão, o jogo de relações entre os membros da família é constante, e esses embates podem se desdobrar como possibilidades positivas e/ou negativas.

Exemplos de situações que são provocativas e que impactam diretamente os relacionamentos podem ser percebidos quando cônjuges e companheiros começam a fazer parte do quadro de colaboradores ou mesmo são sócios da empresa. Regimes de casamento também provocam questionamentos dos participantes do núcleo de decisão, e ainda temos as questões de uniões estáveis ou separações litigiosas, dependência econômica da família, herdeiros, agregados (cônjuges e companheiros), além de status e poder que também acirram as relações sociais, pois se transformam em disputas decorrentes das sensações de injustiça e desequilíbrio.

Outro fator sensível e de complexidade emocional para as empresas familiares, e já comentado, é a escolha do sucessor, ou sucessores. Esse processo é sempre carregado de dificuldades e apresenta muitos detalhes envolvidos, fatores como cultura, religiosidade, regras de educação, tradição, hierarquia, a chegada da diversidade em vários níveis, incluindo o empoderando das mulheres, que é um momento de quebra de paradigma. As mulheres estão chegando ao poder por meio das competências técnicas e comportamentais e, falando das competências, elas sempre foram objeto de discussão nos negócios familiares. Algumas empresas seguem a lógica cultural de favorecer a sucessão com as regras tradicionais do filho mais velho, mas nem sempre é ele quem tem as competências mais sinérgicas para gerir a empresa. São muitas as possibilidades que se podem encontrar em uma empresa, inclusive dois ou mais herdeiros igualmente competentes.

Por isso, destacamos sempre a questão de não se ter uma receita pronta. O caminho é árduo e específico, demanda um olhar exclusivo. Os casos de empresas familiares sempre envolverão o apoio externo de profissionais, e isso também é uma questão importante de decisão da família empresária.

A questão real e atual de algumas empresas familiares, em sua maioria as pequenas e médias, é que poucas vezes os papéis e a participação de cada membro estão claramente definidos. O que acontece com frequência é que a empresa familiar vai funcionando intuitivamente com ações de planejamento isoladas e sem a interdependência dos atores envolvidos. Assim, a clareza nas atividades dos envolvidos fica comprometida, a estrutura fica frágil, e o sistema todo pode se corromper.

Nesse sentido, podemos afirmar que, mesmo com tantas especificidades, a empresa familiar sobreviveu e deixou marcado seu espaço. Entre sucessos e fracassos, muitas sobrevieram às mudanças e mantiveram seus negócios e suas famílias convivendo. Entre perdas e ganhos, o saldo desse balanço é percebido de forma subjetiva por cada família ou membro delas.

A questão atual é que o tempo do relógio e o tempo psicológico não estão mais em sinergia, em função de tudo que pontuamos até aqui, como as mudanças tecnológicas e os desdobramentos dessas novas formas de sociedade.

O desafio central das empresas familiares é entender que essa transformação chegou, será sentida na empresa e se somará com os velhos dilemas, ampliando os cenários de instabilidades e complexidades.

No que tange à não preparação da família empresária e à falta de cuidado em explicar as diversas possibilidades de função de cada membro envolvido, a empresa se posiciona para gerenciar riscos altos, que incluem entrar em colapso, e o sofrimento não será sentido apenas na pessoa jurídica, mas nas pessoas físicas. Quando isso acontece, a falta de clareza dos sentimentos impera, e ficamos expostos aos *sequestros emocionais*, que contribuirão para rompimento de relacionamentos e dificuldades de tomada de decisão consciente e estratégica. Será uma deterioração da família, do plano de sucessão e da sustentabilidade do negócio.

#ficaadica
Quer uma dica de vídeo sobre o assunto sequestro das emoções?
Acesse: https://www.youtube.com/watch?v=3JCoAKR7bgI

Agora é com você!
Buscando pontos em comum e as diferenças entre as gerações.

Descubra os pontos em comum e também as diferenças entre as gerações. O objetivo do exercício é ampliar a percepção e destacar como as diferenças e/ou os pontos em comum podem atuar como forças no negócio. Ao nos tornarmos conscientes sobre o ciclo de gerações, aumentam-se as possibilidades de entendimento das diferenças.

Crie um encontro entre as gerações que estão envolvidas no negócio. Sensibilize as pessoas envolvidas com o tema sobre gerações e utilize o vídeo "Comportamento e Consumo — Gerações X Y Z", publicado no canal de Felipe Valer no dia 3 de maio de 2013. Disponível em: https://www.youtube.com/watch?v=98e6rKv9lO0

Em seguida, distribua *post-its* para os membros e peça para que os preencham com ações e pensamentos comuns e divergentes entre as gerações.

Utilize uma matriz de geração para melhor organização dos *post-its*.

Sugestão de matriz:

GERAÇÕES								
BABY BOOMERS		X		Y ou MILLENIUM		Z	
Pontos comuns	Pontos divergentes	Pontos comuns	Pontos divergentes	Pontos comuns	Pontos divergentes	Pontos comuns	Pontos divergentes

Análise e síntese: depois de deixar espaço aberto às colocações sobre os pontos em comum e as diferenças, está na hora da análise e síntese sobre o material coletado. Devemos priorizar as informações, pois pode acontecer de haver conteúdos abordados que exigem maior atenção e acompanhamento. A análise deve ser organizada identificando-se padrões e discrepâncias que realmente são mais relevantes para o negócio no momento. Após essa análise e síntese, abre a discussão para encontrar possibilidades e/ou respostas. Aconselha-se o apoio do departamento de Recursos Humanos ou de um membro externo, como um consultor, para a aplicação do exercício.

Lições aprendidas:

Nesse capítulo, você teve uma visão panorâmica dos impactos da tecnologia que vêm se desdobrando no crescimento populacional, visto que mais recursos na saúde acarretam menos mortes e maiores chances de as pessoas viverem mais. Há indicadores que mostram que envelhecer de forma saudável já é uma realidade, e isso significa mais pessoas de idades diferentes dentro do mesmo ambiente e cenário profissional. Dentro dessa perspectiva, o assunto sobre gerações foi abordado para informar mais sobre as características das gerações e como elas podem interferir no ambiente. Com suas perspectivas sobre o futuro, esses relacionamentos trazem variáveis significativas para o processo de sucessão.

Bibliografia

Encontro de Empresas Familiares, ENEF. Disponível em: ‹http://www.enef.com.br›. Acessado em: 10 de set. 2017.

IBGC – Instituto Brasileiro de Governança Corporativa. Disponível em: ‹www.ibgc.org.br› Acessado em 18 de jan. 2019.

IBGE – Instituto Brasileiro de Geografia e Estatística. Disponível em: ‹https://www.ibge.gov.br/home›. Acessado em: 07 de set. 2017.

MENDES, Luis Augusto Lobão. Coleção Família e Negócio. *Os desafios da empresa familiar*. Vol. 1. eBook Kindle, 2019.

Perspectiva da População Mundial – Período de 2017. Disponível em: ›https://nacoesunidas.org/apesar-de-baixa-fertilidade-mundo-tera-98-bilhoes-de-pessoas-em-2050/›. Acessado em: 19 de jan. 2019.

PwC Brasil. Disponível em: ›http://www.pwc.com.br/›. Acessado em: 07 de fev. 2019.

TJARA, S.F.; SANTOS N. *Planejamento e liderança: conceitos, estratégias e comportamento humano*. São Paulo: Editora Érica, 2014.

Capítulo 3
GESTÃO DE EMOÇÕES NAS EMPRESAS FAMILIARES

"A tarefa fundamental dos líderes é instalar bons sentimentos naqueles que lidera."

Daniel Goleman

Introdução

Este capítulo tem por objetivo apresentar conceitos sobre inteligência cognitiva e emocional, para que se compreenda que essas inteligências são ingredientes importantes do sucesso, principalmente para as empresas familiares que carregam na sua essência os laços de afetividade. Além disso, o leitor terá a oportunidade de entender o processo das emoções, a empatia e as competências emocionais, como funcionam e influenciam nos relacionamentos e na comunicação.

Inteligência Emocional: como ela influencia as empresas familiares?

O homem, por meio de sua história, sempre demonstrou a importância de sua inteligência para o desenvolvimento e na busca de mitigar as necessidades individuais e sociais. Sua capacidade de criar e inovar transformou a vida no planeta. É por meio dessa inteligência que buscamos informações e instrumentos de aplicação adequados que possam solucionar as problemáticas existenciais.

A inteligência social está interligada com a capacidade do ser humano de construir e suportar favoravelmente as relações sociais. No palco de convivências sociais, encontramos as empresas familiares, que se caracterizam pela forte relação social.

Empresas familiares são complexas, pois trazem uma sobreposição "família e negócio", eixos sociais que andam juntos. A empresa familiar precisa ter mais que resultados financeiros. É necessário cumprir a missão de geração para geração. A missão é uma imperativa social forte, tem objetivos compostos de vínculos naturais no abastecer as necessidades de seus membros, de proteger, educar e dar continuidade ao que foi construído.

Quando falamos de inteligência social, estamos tratando paralelamente da inteligência emocional, e as duas influenciam as inteligências interpessoais e intrapessoais.

A inteligência social da um nó, e a inteligência emocional dá um laço. Elas estão interligadas. Enquanto a inteligência social está focada na capacidade de perceber o estado emocional do outro, com isso nos capacitando para lidar melhor com os vários tipos de pessoa, a inteligência emocional está sustentada no papel das emoções e de suas influências nas relações pessoais e profissionais. Veja a Figura 3.1.

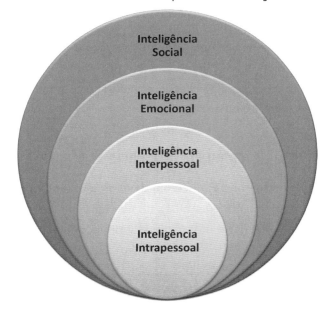

Figura 3.1: Círculos da interdependência das inteligências

As inteligências sempre foram temas de estudo, afinal, tentar entender o comportamento humano e suas nuances atrai até hoje muitos pesquisadores não só da área da saúde, mas também do empreendedorismo.

A psicologia é uma dessas ciências do eixo da saúde que busca há décadas contrapor os questionamentos sobre a natureza da inteligência. O que já temos de resposta é que existem muitas percepções sobre o assunto, que revelam uma multiplicidade de visões.

Nos últimos anos, está sendo mais comum encontrar nas literaturas de governança a abordagem da psicologia como ciência de apoio à dimensão do núcleo familiar. Iniciamos esse assunto de relacionamentos emocionais e laços afetivos no item "Empresas familiares: um núcleo social". Empresas familiares estão dentro de uma abordagem grupal, entendendo que as primeiras experiências das pessoas são sempre pelo grupo da família.

> O ser humano é gregário, e desde o seu nascimento participa de diferentes grupos, passando a maior parte de sua vida convivendo e interagindo com diversos grupos. O primeiro grupo a que pertence é o da família, onde convive com pais, irmãos, avós, tios, e ao longo do tempo, quando ultrapassa as fronteiras da família, se inclui em grupos na escola, de amigos, no local de trabalho, em comunidade de bairros e clubes.
>
> (PRADO apud SIMERMAN, OSÓRIOS, 2015, p. 94)

Os membros envolvidos em uma empresa familiar devem levar em conta os componentes da base subjetiva dos relacionamentos, como as necessidades primárias de sobrevivência, ataque ou fuga, ansiedades, entre outros. Ao se sensibilizar de que esse movimento grupal estará sempre no centro dos relacionamentos familiares, o processo ganha consciência, e a partir daí a inteligência racional pode contribuir para a melhoria dos relacionamentos.

Quando falamos de empresas familiares, é como se a primeira experiência nunca acabasse. A interação grupal mantida traz o diferencial em relação aos outros tipos de empresa.

Cumpre à família empresária entender que lidar com os relacionamentos afetivos vindos do grupo faz parte da rotina da empresa familiar. Quando isso é compreendido, a luta diminui, em comparação com outros modelos não familiares. Mas comparações não levarão a empresa a lugar nenhum, só farão com que ela perca mais tempo para agir diante de suas verdadeiras necessidades.

A aceitação consciente desse modelo de interação grupal familiar pode facilitar o processo de crescimento das relações. Quando mensuramos a necessidade acentuada da inteligência emocional dos dirigentes da empresa familiar, temos o primeiro passo para grandes conquistas.

Essa aceitação pode vir de duas formas, e usaremos um ditado popular para trazer de forma simples a necessidade de se investir nas boas práticas das inteligências emocionais: "Ou se chega pelo amor ou pela dor".

A ideia aqui é fazer com que essa leitura proporcione a prevenção, isso é, que as famílias empresárias sejam provocadas para ações de investimento nesse campo subjetivo das ciências do comportamento, tão importante dentro das sobrevivências da empresa familiar.

Daniel Goleman, escritor, psicólogo e jornalista, escreve e ministra aulas sobre as ciências do comportamento e tem destaque em relação à inteligência emocional.

Esse assunto ganhou notoriedade do público a partir do lançamento do seu livro *Inteligência Emocional*, 1995. O próprio autor destacou em seu livro que o termo "inteligência emocional" já tinha sido apresentado por outros dois psicólogos.

> Em 1990, quando era repórter de ciência no *The New York Times*, topei com um artigo em uma pequena revista acadêmica escrito por dois psicólogos, John Mayer, hoje na Universidade de New Hampshire, e Peter Salovey, de Yale. Meyer e Salovey apresentaram a primeira formulação de um conceito que chamaram de "inteligência emocional".

> (GOLEMAN, 2005)

Goleman determina em seu livro que uma pessoa inteligente emocionalmente é aquela que apresenta habilidades de identificar e administrar suas emoções e, consequentemente, usá-las a seu favor.

A boa notícia é que os estudiosos da área deixam claro que inteligência emocional pode ser aprendida e aprimorada. Hoje existe o interesse, principalmente das lideranças, em adquirir ou praticar a inteligência emocional para melhorar as relações com colaboradores e liderados.

Quando optamos por desenvolver e treinar a inteligência emocional, geramos oportunidades de autodesenvolvimento e elegemos escolhas conscientes que determinam a autorresponsabilidade em ações mais saudáveis. Alguns programas de treinamento de inteligência emocional ganham força em função da demanda. As empresas, incluindo as familiares, encontram com facilidade pacotes fechados ou customizados para treinar seus líderes e suas equipes.

Mas devemos sensibilizar os líderes de empresas familiares para que não utilizem programas de treinamentos sem um planejamento estratégico adequado e afinado às realidades do momento da empresa e da família.

Ferramentas de gestão são sempre bem-vindas, e já é sabido que apoiam na organização de projetos, mas usar ferramentas sem um sentido organizacional para a empresa, e sem respeitar o momento familiar, pode trazer mais complicações e desconexões entre os membros familiares e colaboradores.

Todas as ações de capacitação da liderança que envolvem família devem estar alinhadas a um programa organizacional. Além de estratégica, essa é uma maneira de respeitar a estrutura da empresa, seja financeira ou emocional, seus valores culturais e o perfil comportamental dos membros.

O desenvolvimento das lideranças deve ter programas com agendas que possibilitem a mensuração dos resultados, e acompanhar a evolução por meio de indicadores é uma necessidade de gestão. Sempre que se utilizam indicadores, o monitoramento fica tangibilizado. A partir disso, o próximo passo é criar planos de ação para correções de rotas ou para aperfeiçoamento de competências que estão ou proporcionarão resultados.

Existe também a preocupação com o estado psicológico de cada membro, e programas de desenvolvimento de inteligência emocional podem estar associados a outros tipos de projetos, como os de *coaching* para líderes.

Como mencionado, todo processo de desenvolvimento é bem-vindo para as empresas, mas é necessária uma avaliação anterior, para traçar as estratégicas benéficas. Analisar os riscos de trazer informações emocionais sem estrutura de apoio é um desserviço para a família empresária. Estamos tratando de emoções e sentimentos, e os cuidados devem ser redobrados, para não desencadear problemas e discussões ainda maiores. Existem vários profissionais habilitados para tratar da família e da gestão.

Temos literaturas que abordam a psicologia aplicada em empresas familiares no quesito papel das relações em família, nos conflitos de poder e de identidade. Os conflitos estão sempre envolvendo os processos de relacionamento entre pessoas, e estão normalmente agarrados por falta de empatia e na imposição de crenças e valores e/ou por leis nos processos de sucessão. Por esse motivo, vale lembrar que empresas familiares são espaços multidisciplinares e podem, ainda, envolver outras dinâmicas terapêuticas, de casal e de família.

Voltemos às ferramentas de gestão ligadas ao desenvolvimento humano por meio de programas de *coaching*.

O *coaching* é uma atividade em expansão nas abordagens gerenciais de gestão de pessoas e de inteligência emocional, uma rota de destaque para o desenvolvimento de líderes e gestores por meio do autoconhecimento, e também de suas equipes, uma ampliação de atividade que está sendo agregada às consultorias de governanças, planejamento estratégico e financeiro.

> Na medida em que o *coaching* sensibiliza as pessoas a refletirem e agirem de uma forma mais intencional, ele é novamente de natureza estratégica, ao ajudar a alinhar a organização com as pessoas que estão dentro dela.
>
> (GOLDSMITH, LYONS e FREAS, 2003, p. 47)

Reconhecer e avaliar os próprios sentimentos são os primeiros passos para criar conexões que permitam o entendimento dos sentimentos das outras pessoas, e compreender as outras pessoas se tornou uma habilidade importantíssima na construção e manutenção das relações.

As relações dentro de uma empresa familiar vão além dos gestores, membros da família e colaboradores, e alcançam todos os envolvidos em alguns projetos com maior duração. Acrescentaremos a interferência no ambiente familiar inclusive de pessoas que estão envolvidas, mesmo que temporariamente, nos projetos de desenvolvimento da empresa. Quando uma empresa familiar está sob a intervenção de consultores, seja financeira, de qualidade, ou de apoio de governança, também requer cuidados especiais.

No prefácio do livro *Caixa-Preta da Governança*, Guerra (2017) abre sua obra com a entrevista de Sérgio Rial (CEO do Banco Santander no Brasil, tendo antes ocupado a presidência do conselho do banco quando concedeu essa entrevista à autora em 11/09/2015, na cidade de São Paulo), com a certeza de trazer uma percepção realística da interferência do conselheiro na empresa, ou, usando as palavras do próprio entrevistado, os cuidados com a minimização da "teatralização da gestão". Ele faz questão de relatar suas vivências como conselheiro, e inicia suas contribuições falando sobre os aspectos comportamentais, como eles impactam o conselho administrativo e o quanto são determinantes nas empresas:

> É justamente a constatação que me faz hoje acreditar que, antes de sermos lógicos, somos seres psicológicos. E, dessa forma, os limites da racionalidade e a complexidade emocional do ser humano não podem mais simplesmente ser ignoradas pelas práticas de administração e governança implementadas nas organizações.
>
> (GUERRA, 2017, p. 13)

Nesse sentido, novamente os fatores emocionais aparecem no cenário como influenciadores na organização, agora em um aspecto ainda maior, ou seja, proprietários familiares e conselheiros, todos envolvidos e sujeitos aos impactos dos temperamentos, aspectos psicológicos inerentes ao ser humano.

Ricca (2007, p. 117) ressalta:

> Cada tipo de temperamento influencia a organização e altera seu rumo, fazendo-se vital o conhecimento de cada um deles, principalmente dentro da empresa familiar, por ser a mais afetada em sua gestão devido ao fator emocional.

Segundo esse mesmo autor, por meio da história humana, filósofos, escritores, psicólogos e observadores perceberam que as emoções, dinâmicas sentimentais e psíquicas do homem, sempre atuavam sobre suas atitudes. O homem, ao nascer, está dotado de predisposições para atuar de certa forma frente às situações. Pessoas são dotadas de características que são denominadas temperamentos.

LaHaye *apud* Ricca (2007, p. 98), afirma que: "Temperamento é a combinação das características inatas que afetam, no nível do subconsciente, o comportamento de um ser humano."

É importante destacar que temperamento não é a mesma coisa que caráter ou personalidade. (RICCA, 2007).

Os tipos de temperamento influenciam as organizações. Ricca (2007) utiliza o termo "tipologia organizacional". As empresas precisam de conhecimento especializado sobre o perfil comportamental, pois ele influencia nas relações, interpretações, na forma de perceber o mundo e, consequentemente, nas tomadas de decisões. Temos um capítulo falando de competências, onde daremos mais detalhes sobre os tipos ou perfis de comportamentos.

Não há uma condição afirmativa para dizer que existe um temperamento melhor ou pior que o outro, pois eles se alternam, e existem vantagens e desvantagens diante de resultados percebidos normalmente pelo ambiente. Dessa forma, a autoconsciência facilita a construção de caminhos de aprendizagem tanto pessoal quanto empresarial.

"A condição essencial para qualquer família, empresa, sociedade ou tipo de relacionamento é que haja respeito e aceitação das diferenças". É contrabalançar opiniões, desejos, achando juntos, assim, o melhor caminho (RICCA, 2007, p. 120).

O contexto advoga para o investimento das empresas familiares em programas ou ferramentas de inteligência emocional para ganhos de relacionamentos, principalmente das lideranças, dos gestores e dos membros da família envolvidos. Porém, é imprescindível e recomendado cautela para os modismos gerenciais e, principalmente, com o planejamento de todas as ações de capacitação.

A inteligência emocional é um termo relacionado à inteligência social. As duas são interdependentes, estão interligadas e trabalham para garantir a qualidade dos relacionamentos, tudo para que se prevaleça a harmonia nas relações. A essência da inteligência social está na ação de se colocar no lugar do outro, denominada empatia.

Agora é com você!

Os líderes nas empresas familiares podem praticar juntos um exercício importante de empatia. Procurem espaços interativos entre os membros, como reuniões de liderança, e apliquem o mapa da empatia. Mapa ou matriz da empatia é uma ferramenta que faz parte da metodologia Canvas para negócios. Sua utilização é simples e pode trazer muitas oportunidades de aprendizado e reflexões. Veja a Figura 3.2.

Instruções para a aplicação:

- ❐ O primeiro passo é escolher a persona ou avatar que será a figura central da matriz/mapa. Pode ser uma pessoa ou um departamento; utilize de forma a obter mais resultados;
- ❐ Divida as equipes com, no máximo, cinco pessoas;
- ❐ Distribua o mapa/matriz de empatia para as equipes. Pode ser uma matriz apenas por grupo. Procure imprimir em A3, para que o manuseio fique mais adequado;

- Distribua *post-its* coloridos para todos os grupos. Eles serão utilizados para escrever as anotações e percepções, e, em seguida, serão colados dentro das áreas/quadrantes da matriz;
- Apresentar o mapa/matriz pelo grupo e listar as lições aprendidas;
- Desenhar o plano de ações;

Figura 3.2: **Mapa ou Matriz de Empatia**

- O objetivo principal da matriz é exercitar a empatia, colocando-se no lugar no outro. Inicie as reflexões, sempre com o cuidado para as ações julgadoras. Não é uma matriz de reclamações e ajuizamentos, é uma matriz onde você terá a identificação com o "avatar" escolhido;
- Os resultados desse exercício normalmente são muito ricos. A pessoa que o estiver conduzindo deve aproveitar e agregar valor, compondo-o com planos de ação ou outras ferramentas. Exemplo: PDCA (do inglês: PLAN – DO – CHECK – ACT) é um método de gestão contendo quatro etapas. É normalmente utilizado para o controle e melhoria contínua de processos. O 5W2H é um acrônimo em

inglês que representa as perguntas fundamentais que devem ser respondidas para o pesquisador nas situações de trabalho: 5 W: What (o que será feito?) – Why (por que será feito?) – Where (onde será feito?) – When (quando?) – Who (por quem será feito?); 2H: How (como será feito?) – How much (quanto vai custar?).

A empatia é fruto da equação que conta com os elementos das inteligências cognitiva e emocional. A empatia é a capacidade de se colocar no lugar da outra pessoa. Quanto mais repetimos o processo de empatia mais adquirimos o habito de experimentar a compreensão dos sentimentos do outro. É com a inteligência cognitiva que aprendemos, e esse aprendizado nos dá repertório para podermos analisar e utilizar a empatia quando for necessário.

A partir dessa capacidade de racionalização, podemos desenvolver também outras habilidades mais sofisticadas de relacionamento. Praticar a empatia é poder encontrar um caminho de identificação e sair do processo finito da simpatia. Como essa capacidade é muito importante para as relações interpessoais, deve ser treinada. Veja a Figura 3.3.

FIGURA 3.3: Sequência emocional de relacionamento

Antipatia: desprazer → Apatia: Indiferença → Simpatia: Conexão → Empatia: Identificação

#ficaadica
Quer uma dica de vídeo sobre o assunto empatia?
Acesse: https://www.youtube.com/watch?v=aPs6q5vqnFs

As empresas familiares são um terreno fértil para o treinamento e a prática da empatia, afinal, a essência das relações familiares está sustentada por laços e vínculos de afetividade. Afetos são movimentos das emoções, que são pulsões que terminam em ações. As atitudes tomadas são percebidas por interlocutores, e eles as devolvem ao meio da forma como foram decodificadas, assim, temos uma ação relacional automática.

Figura: 3.4: Emoções têm relação com alterações biológicas do corpo

- Recebe estímulo do ambiente e decodifica mentalmente
- Mentalmente essa decodificação tem uma programação "biocomputacional"
- Maneira rápida e eficaz de termos uma reação sem perder tempo
- Emoção é uma ação relacional automática

#ficaadica
Quer uma dica de vídeo sobre o assunto emoções?
Acesse: https://www.youtube.com/watch?v=GyFQj64amhY

A palavra "emoção" vem do latim *emovere,* mover para, afastar, deslocar, uma ação que demanda energia, um movimento. As emoções são geradas por reações químicas e neurais e carregam uma subjetividade de interpretação individual.

Quando entramos em contato com estímulos externos que foram captados pelos órgãos do sentido, nosso cérebro faz a decodificação, utilizando como princípios associações e semelhanças de objetos ou situações já vivenciadas que estão na nossa memória, e a partir disso há uma resposta química que se distribui pelo corpo.

Esse conjunto de reações químicas determina as emoções que nos movimentam por meio de sentimentos; literalmente, sentimos a emoção. É a estrutura corporal vivendo a experiência emocional, e isso ocorre simplesmente porque a biologia e a psicologia se uniram para explicar a complexidade do processo do comportamento humano.

> Uma visão da natureza humana que ignore o poder das emoções é lamentavelmente míope. A própria denominação *Homo sapiens*, a espécie pensante, é enganosa à luz do que hoje a ciência diz acerca do lugar que as emoções ocupam em nossas vidas. Como sabemos por experiência própria, quando se trata de moldar nossas decisões e ações, a emoção pesa tanto — e às vezes muito mais — quanto a razão. Fomos longe demais quando enfatizamos o valor e a importância do puramente racional — do que mede o QI — na vida humana. Para o bem ou para o mal, quando são as emoções que dominam, o intelecto não pode nos conduzir a lugar nenhum.
>
> (GOLEMAN, 2015, p. 32)

Portanto, as emoções têm papel fundamental em nossas condutas, apoiam e dirigem nossa ação rápida, muitas vezes pelo entendimento de sobrevivência embutido, por isso aquela sensação de impotência muitas vezes acaba nos colocando a dizer mentalmente: "Eu não queria ter respondido assim, mas não consegui me segurar."

Alguns autores mencionam sete emoções básicas e universais. Elas são independentes da cultura ou etnia e são percebidas pelas formas como são expressas pela face. Alegria, raiva, tristeza, desprezo, surpresa, aversão e medo... E não está sendo contabilizada a versão neutra. Observe a Figura 3.5.

As emoções estão vinculadas aos sentimentos. Embora algumas pessoas utilizem ambos os termos como sinônimos, eles não são, mas têm total conexão e sinergia.

Algumas palavras têm uma sinergia enorme. Por exemplo: emoções, sentimentos, inteligência emocional e empatia. Todas essas estão dentro do construto dos significados e práticas dos relacionamentos.

Convém, no momento, destacar os sentimentos. Eles são originados a partir das emoções. Ou seja, diante de algum evento, cada pessoa passará por uma emoção específica, que será interpretada no cérebro instantaneamente, e isso passa a ser o resultado de uma experiência emocional.

Entender as emoções e os sentimentos é um passo fundamental para o autoconhecimento. Uma emoção pode durar segundos, mas um sentimento pode durar anos.

Nas empresas familiares, as interações sociais são frequentes e carregadas de emoções e sentimentos. Por serem, em sua essência, relações afetivas, muitas empresas carregam suas "caixas de pandora", cheias de sentimentos guardados, alguns positivos, outros negativos, e essas são barreiras para relacionamentos saudáveis e inteligentes. Veja a Figura 3.6.

Figura 3.5: **Sete emoções básicas**

Fonte: Adaptado de FREITAS-MAGALHÃES (2019).

Trazer para a discussão a questão das emoções em ambientes organizacionais sempre foi um desafio. Suas características estão estruturadas em sentimentos que são considerados algo bem subjetivo para estar na pauta da estratégia da empresa.

Existem perfis específicos de gestores que fomentam os questionamentos sobre os resultados realísticos e empíricos da gestão das emoções nos ambientes organizacionais.

Figura 3.6: **Emoções e sentimentos**

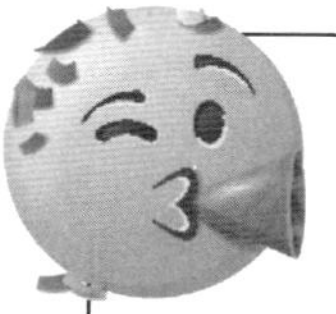

EMOÇÃO: Padrão de reação complexo e transitório.
Acompanhado de reações instantâneas.
Dirigidas para o exterior.

SENTIMENTO: Experiência mental e particular baseado nas emoções.
Efeito mais permanente.
Dirigidas para o interior.

Esse grupo de pessoas com perfis específicos que questionam o assunto para ser trabalhado na estratégia da governança tem diminuído bastante. Os estudos sobre o tema permitem muito mais argumentações.

Na prática, as resistências continuam em maior ou menor intensidade, mas o processo de empatia começa nesse ponto, afinal, muitos dos gestores de gerações anteriores foram treinados exaustivamente para não expor suas emoções. Os argumentos são diversos, incluindo uma percepção de perfil de fraqueza.

> Aprendemos que as emoções devem ser sentidas e expressadas de modo cuidadosamente controlado, e somente em certos ambientes e ocasiões. Isso vale sobretudo no ambiente de trabalho, em que expressar emoções é tido como algo extremamente antiprofissional. Acreditamos que nossos maiores erros e deslizes se devem a excessos emocionais — àqueles momentos em que as emoções tomam conta de nós. Afinal, elas são resquícios de 300 milhões de anos atrás, quando eram necessárias para a sobrevivência de nossa espécie.
>
> (CARUSO e SALOVEY, 2007. p. XVII)

Caruso e Salovey (2007) consideram enfaticamente equívoca essa visão de que as emoções são antiprofissionais, e são defensores de outra ótica, a de que as emoções são necessárias para a tomada de decisão; não ficam em segundo plano por fazerem parte do que se constitui pensar, raciocinar e ser inteligente.

Os autores acrescentam, ainda, que todas as habilidades emocionais usadas de forma integrada ajudam, e muito, nas soluções de problemas importantes.

- **Leia pessoas:** Identificando emoções;

- **Entre no clima:** Utilizando as emoções;

- **Preveja o futuro emocional:** Compreendendo as emoções;

- **Aja com sentimento:** Administrando as emoções aprendidas.

A inteligência emocional é fator fundamental e essencial nas relações interpessoais nas empresas familiares.

> Inteligência emocional é uma descrição das funções cerebrais e mentais que diz respeito às emoções, é um apelo ao descobrir e ao explorar; em palavras mais simples, é a mente emocional, essa que desde o surgimento do homem tem sido descrita com imagens, poesias e filosofias. Explica como, em resposta aos estímulos cotidianos ou autoestímulos psíquicos (ideias, lembranças, emoções), ativar um conjunto de partes, sistemas e conexões entre a área emocional ou sistema límbico e as áreas cerebrais indispensáveis para a atenção, percepção, memória, lógica, enfim, um conjunto psíquico denominado mente emocional determinante para entender expressões humanas como personalidade, caráter, temperamento, condutas, decisões e ideias.
>
> (SOTO, 2005, p. 2)

Figura 3.7: As quatro habilidades da inteligência emocional

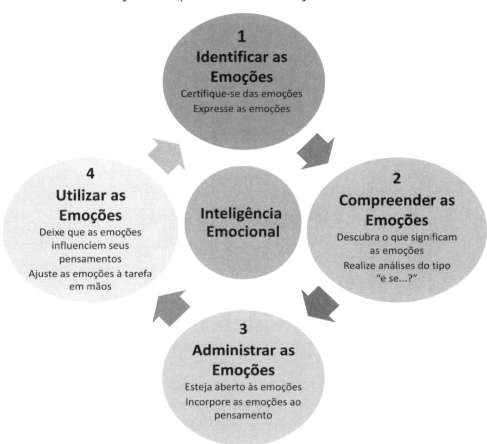

Fonte: Adaptado de CARUSO e SALOVEY, 2007. p. XIX.

Goleman (2015) destaca duas perspectivas importantes dentro da inteligência emocional: a perspectiva interpessoal (social) e a intrapessoal (emocional), sendo a intrapessoal as competências emocionais de autoconsciência e de autogerenciamento, e a interpessoal as competências sociais de consciência social e de gestão de relacionamento.

Abordar o tema de competências emocionais e sociais, com ênfase nas empresas familiares, é sempre uma oportunidade para discussão e reflexão sobre as metas e os indicadores de empenho dos membros familiares em querer melhorar relacionamentos.

Figura 3.8: Competências emocionais de IE

No ambiente de empresa familiar, as pessoas têm posições específicas e exercem papéis distintos (funções). O irmão mais velho é o superintendente, o irmão mais novo é apenas um acionista, e a mãe é acionista, mas também pode desempenhar uma função tática na empresa. Normalmente, os membros mais velhos conhecem muito o negócio e/ou o produto, e essa expertise muitas vezes os coloca em duplos papéis e compromete o empenho nas ações de relacionamentos mais saudáveis.

Quando as pessoas estão ocupando suas posições na empresa, elas desempenham papéis específicos, tomam atitudes baseadas na coerência que acreditam ter, inclusive em alguns momentos podem até admirar e verbalizar isso, valorizando suas atitudes com a justificativa legítima sob o discurso de estar executando com muito engajamento tarefas exigidas pelo cargo ocupado. São as perspectivas interpessoais e intrapessoais da inteligência emocional dos membros da família sendo acionadas, mas nem sempre com as competências favoráveis aos resultados de cooperação.

Essas posições e papéis garantem um grau de responsabilidade, poder e influência sobre os outros. Nesse sentido, a pessoa que toma determinada decisão na perspectiva dela, olhando para o bem-estar da empresa, tem a expectativa de que todos os outros membros compreenderão e aprovarão suas preferências.

Uma situação comum nas empresas familiares é ver outros colaboradores, alguns de níveis táticos ou operacionais, comparando as decisões entre os membros da família que têm poder de decisão. Isso vale principalmente para processos sucessórios, em que os gestores anteriores tinham determinadas posturas que normalmente os mais novos não têm.

Alguns movimentos dessas comparações são o bastante para a criação de conflito interno. Normalmente, essas comparações acabam sendo feitas por colaboradores antigos da empresa que transitam com certa liberdade, seja pelo cargo que ocupam ou pelo vínculo criado com a família.

Famílias empresarias devem estar atentas às provocações pautadas nas boas intenções das pessoas e, para esses casos, a principal ferramenta é a comunicação franca, aberta e clara entre os gestores, normalmente membros da família, que estão direta ou indiretamente dentro do conselho ou comitê e possuem autoridade consultiva ou de decisão.

A comunicação também é um item dentro da cesta de inteligência emocional. A comunicação trabalha a favor do diálogo, mas para isso é necessário estar aberto. Quando essa posição emocional acontece, o desdobramento ganha chances reais de sucesso, pois permite argumentações, esclarecimentos e mudanças de posicionamento. Dialogar é uma ação exploratória para ampliar os relacionamentos e obter movimentos mais cooperativos.

Existe uma frase importante a ser praticada: "Escute para entender, e não para responder." A resposta será efetuada com maior valor agregado quando o entendimento for efetivado no modelo empático, mas as pessoas normalmente ouvem e não escutam.

A comunicação inteligente está pautada no processo de utilização de uma infinidade de símbolos, imagens, gestos, escrita e da fala como suporte no intercâmbio, isso é, na troca de informações, mensagens ou dados, tornando-se algo comum e compreensível entre as pessoas. Essa interação propicia a vida em sociedade.

O processo de comunicação está carregado de interferências emocionais. Um grande comunicador brasileiro, José Abelardo Barbosa de Medeiros, mais conhecido como Chacrinha, nos presenteou com uma frase inesquecível: "Quem não se comunica se trumbica."

A comunicação também envolve escutar muito, estamos acostumados a falar mais do que escutar. Nos relacionamentos sociais, um fator importante é o poder de ouvir, capacidade que permite o melhor entendimento e propicia vínculos de confiança.

Quando estamos em comunicação — e isso representa praticamente 100% de nossa rotina —, estamos vivenciando situações emocionais embutidas no processo. Isso inclui também nosso processo de percepção, pois ele determinara o significado dos sinais. A percepção é um fenômeno individual, está sujeita a fatores emocionais e cognitivos e deve ser treinada.

Das seis etapas da comunicação, cinco delas têm componentes emocionais envolvidos, conforme a Figura 3.9.

FIGURA 3.9: Etapas da comunicação | influência dos componentes emocionais

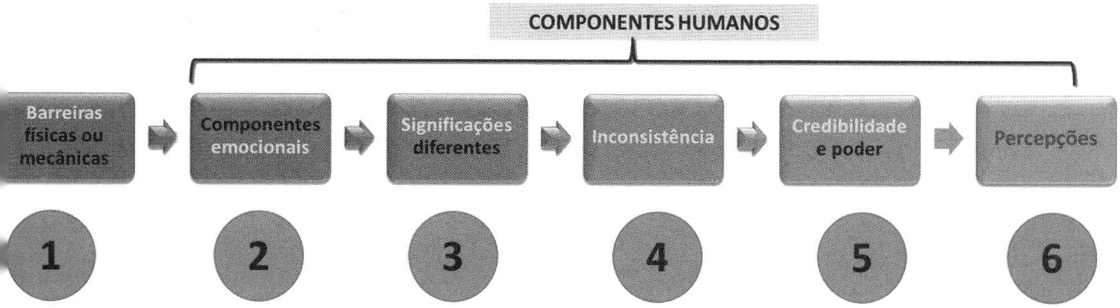

Fonte: Adaptado de GROSS (2013)

Portanto, as emoções são importantes na construção de relacionamentos saudáveis e no bem-estar geral das pessoas e dos ambientes. Por isso, a inteligência emocional vem a cada dia chamando mais a atenção de pesquisadores do comportamento humano.

A inteligência que trabalha com as emoções, conhecida como QE (quociente emocional) se destaca paralelamente com o QI (quociente intelectual), responsável pelo aprendizado. As duas inteligências, cognitiva e emocional, estão interligadas em um sistema que trabalha em conjunto para melhores resultados internos e externos.

> Sem a gestão da emoção, nenhum dos demais treinamentos tem sustentação. Sem liderar o mais rebelde, fascinante e importante dos mundos, a emoção, não é possível dar musculatura ao pensamento estratégico, à arte de negociar, à habilidade de se reinventar e ser proativo. Sem gerir a emoção, as habilidades para resolver conflitos nas empresas, nas salas de casa e de aula ficam asfixiadas. A gestão da emoção depende da gestão do pensamento.

> (CURY, 2015, p. 8)

Quando as inteligências cognitiva e emocional andam de mãos dadas, os resultados são muito mais eficientes. Vamos dar o espaço merecido para conceituar o poder da cognição, afinal, é ele quem tem a capacidade de fazer o ser humano discernir sobre os dados concretos e os abstratos e tomar decisões comportamentais diante dessa interpretação de ambiente.

A cognição está ligada às condições que favorecem o aprendizado e, consequentemente, a obtenção do conhecimento. A aptidão cognitiva está ligada sempre às questões individuais, nossa capacidade de interpretar, manipular informações por meio de ideias e/ou valores, por isso precisamos estar abertos as novas experiências.

Fundamentalmente, é por meio da inteligência cognitiva (atividades cerebrais) que somos capazes de aprender novas informações e conteúdos, lembrando que partimos sempre de situações já elaboradas anteriormente. O desenvolvimento da inteligência cognitiva está ligado ao aprendizado de algo novo, por exemplo, aprender a dirigir um carro.

Quando desenvolvemos nossas habilidades cognitivas, compreendemos as competências dos pensamentos, que serão essenciais no apoio às resoluções dos desafios. Exemplos de habilidades cognitivas são: memória, percepção, foco, atenção e raciocínio lógico.

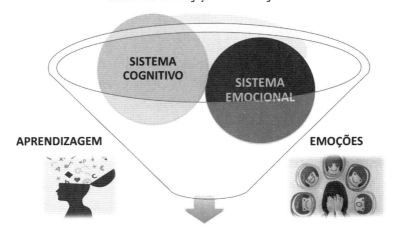

Figura 3.10: Interligações das inteligências

Conflitos disfuncionais e a gestão por competência nas empresas familiares

As empresas familiares são movidas pelas atividades diretas e indiretas de membros do núcleo familiar, incluindo os processos sucessórios, já muito comentados neste livro e que têm destaque por ter reflexo praticamente em todas as dimensões da Teoria dos 3 Círculos.

Os movimentos de membros da família, mesmo que rotineiros e carregados de boas intenções, bastam para que o cenário esteja pronto para conflitos e confrontos. No capítulo sobre emoções e inteligência emocional, adiantamos muito sobre o assunto conflito nos processos de relacionamento.

É por meio dessa compreensão multidimensional que essa leitura valerá a pena, afinal, antes mesmo de uma empresa fechar suas portas concretamente, a mente de seus dirigentes já entrou em falência. Por isso, gerir emoções é fundamental. Lembrando que em empresas familiares, não é só a sobrevivência da organização que está em jogo, mas todo o processo de relacionamento familiar envolvido.

As questões das conexões familiares são determinantes para a forma como a empresa será gerenciada, e isso inclui também sua reputação.

Como a gestão por competência pode ajudar a mitigar os conflitos disfuncionais?

Segundo Cortella (2019), "o conflito é algo criativo, o que é o negativo é o confronto. O conflito é a divergência de postura, o confronto é a tentativa de anular a outra pessoa".

Os conflitos disfuncionais são aqueles que se determinam como confrontadores e destrutivos e desenham ambientes de desagregação que causam prejuízos não só financeiros, mas psíquicos. Muitos desses conflitos estão ligados a causas emocionais, que "[...] compreendem sentimentos negativos, como desconfiança, desprezo, medo e rejeição" (CARVALHAL *et al.* p. 106, 2014.).

Esses conflitos emocionais são catastróficos para as empresas e para sua sobrevivência e perpetuidade, sem contar que, com o desgaste da saúde emocional dos envolvidos, a falta do equilíbrio compromete a harmonia da família.

Cepelowicz (1996) destaca que os conflitos se iniciam muito antes do processo de sucessão, e que ele é intimamente ligados aos sentimentos oriundos dos relacionamentos e suas complexidades, embora esse mesmo autor realce que os pesquisadores que estudam empresas familiares não se aprofundem no esclarecimento dos sentimentos e acabam sempre dando ênfase apenas às consequências dos conflitos disfuncionais.

As empresas familiares são celeiros de conflitos disfuncionais, chamados normalmente de confrontos. Isso acontece quando membros da família discordam a ponto de "perder a cabeça". Aqueles estados de rupturas no relacionamento, briga e desentendimentos que saem da esfera racional e buscam no nosso mais primitivo recurso a discussão verbal que alimenta fervorosamente a provocação. Ao se chegar a esse grau de desequilíbrio, os ataques físicos se tornam até premeditados.

Parece estranho relatar brigas entre irmãos, cunhados e outros, mas, acreditem, essa é uma realidade para algumas empresas familiares quando os ânimos ficam muito acirrados e a inteligência cognitiva não consegue estar presente para trazer luz às sombras das emoções.

Tanto a empresa quanto a família são influenciadas pelos seus membros, positiva ou negativamente, afinal, as emoções estão nas pessoas como fontes de energia necessárias para garantir a sobrevivência. Como mencionado no capítulo anterior, é impossível a separação da razão e da emoção, então se torna difícil dizer: "Deixarei as emoções em casa."

O principal instrumento para lidar eficazmente com os conflitos disfuncionais é a inteligência cognitiva, que pode ajudar no emprego eficiente das competências. Essa inteligência é um recurso consciente de gestão para configurar os impulsos das emoções, permitindo, assim, que a inteligência emocional se estabeleça.

Quando se encontram casos de famílias estruturadas, em que irmãos estabelecem uma relação de afinidade positiva, o que não reflete a realidade da grande maioria das empresas, a aliança poderá apoiar o processo em que prevaleçam as competências administrativas (SILVERIO, 2007).

Os casos mais comuns, aqueles da grande maioria das empresas familiares, são os que apresentam relações não estruturadas, essas que levam à geração de conflitos disfuncionais, aqueles baseados em emoções negativas que colocam em risco as relações interpessoais, alteram o foco e limitam as possibilidades de gerenciamento.

> Estamos nos referindo a irmãos que não se escolheram como sócios oriundos de famílias muitas vezes não tão bem estruturadas, e sem maior afinidade e complementaridade entre si. Predominam, seguidamente, sentimentos de intensa rivalidade, ciúmes, inveja, raiva e culpa, mesclados com ressentimentos do passado, potencializados, desde a infância, pelos reflexos dos conflitos internos do casal de pais.
>
> (SILVERIO, 2007, p. 39)

Segundo Cepolowicz (1996), os estudos sobre empresas familiares são feitos pela ótica empresarial e não através da perspectiva familiar. Nesse sentido, o sistema familiar, sua interdependência e as necessidades emocionais dos membros precisam começar a ser contempladas.

Kepner, apud Cepelowicz (1996, p. 39), afirma que:

> A "cola" que a mantém junta ao longo das vicissitudes das transições do seu ciclo de vida e as complexas e complicadas ligações interpessoais são os vínculos emocionais e os laços efetivos que se desenvolvem entre seus membros, assim como um senso de responsabilidade e lealdade à família como um sistema.

Embora a citação seja antiga, as palavras do autor soam de forma atemporal, afinal, na atualidade, o que temos percebido na prática é que os vínculos familiares retratam ainda modelos de conexão entre os membros, quase como uma necessidade cultural, as intimidades, os laços emocionais e sociais entre os membros da família significam pertencimento. Continuando com as pontuações desse autor, os relacionamentos definem a cultura familiar. Nesse sentido, Cepelowicz (1996, p. 46) aponta:

> [...] que a cultura familiar pode ser descrita na forma como expressa as relações e sentimentos de seus membros. Os conflitos familiares, o processo de individualização e a expressão emocional são exemplos da dimensão cultural da família.

As tensões que acompanham as relações das empresas familiares dificultam a gestão e o entendimento entre ser proprietário e o ato de fazer a gestão.

#ficaadica
Quer uma dica de vídeo sobre o assunto?
Acesse: https://www.youtube.com/watch?v=O0xzU4ZKrSM

O que acontece na empresa familiar quando os papéis de proprietário e gestor se confundem pode ser percebido por meio dos sintomas queixa de colaboradores, e até de outros membros da família, inclusive relativos a questões de direcionamento estratégico. Baixo desempenho dos resultados e rusgas intensas nos laços familiares com certeza é a receita de uma grande perda.

Diante dessas pontuações de perdas e lutos, uma das estratégias a serem tomadas é a de controle. Um dos modelos mais utilizados e indicados para empresas familiares é a governança corporativa, pois está ligada a um conjunto de regras. Nesse sentido, as boas práticas de intervenções sobre as atividades que exigem controle se cumprem pela aplicação da governança corporativa por meio do conselho administrativo.

Porém, para a execução das atividades de conselho administrativo, espera-se que os membros se posicionem de forma assertiva, dentro de estados psicológicos em que os temperamentos e as emoções consigam ser administrados em benefício dos resultados da empresa, e não com interesses próprios.

Na gestão familiar, a organização é delicada e, muitas vezes, mais complexa do que parece. O processo de modernização pode envolver profissionalização dos familiares por especialistas e/ou a criação de um conselho de família. Ter um foro para discussões e decisões em relação à empresa também está incluído, e isso se desdobra na participação de pessoas externas na gestão.

O colapso de relacionamento, crises, estagnação ou quando a empresa alcança um porte médio e começa a ter dificuldade de competitividade, em continuar se desenvolvendo em função de seu tamanho e/ou da complexidade, são sinais intensos de que está na hora de um suporte externo. Isso porque, na maioria das vezes, um esforço interno não é suficiente ou não tem a velocidade para fazer a estruturação necessária.

A necessidade de chamar membros externos, profissionais como consultores e treinadores, está se tornando uma realidade para as empresas familiares. Essa questão de profissionalização se inicia, geralmente, de forma bem conservadora ou desestruturada.

Os primeiros ensaios são normalmente fomentados em dois cenários: um interno, quando são percebidos os riscos financeiros, incluindo a queda de resultado real, na crise ou no colapso das relações familiares; e outro externo, com a participação da empresa ou de membros da empresa familiar em fóruns onde é possível comparar a gestão e se inspirar em cases de sucesso.

Indicadores financeiros: Gestores aprendem logo cedo a necessidade de gerir seus resultados financeiros. Esses empreendedores estão sempre com um termômetro nas mãos, e seus números indicam a temperatura dos resultados. É por meio dessas análises quantitativas que algumas demandas são geradas. Discursos internos gerados pela insatisfação dos resultados demandam frases como: "Está na hora de chamar alguém, precisamos de ajuda externa." Sinal amarelo aceso.

Participação em grupos e/ou associações: Outra provocação, e não menos importante, é feita em grupos, associações ou cooperativas. Essas entidades têm como missão debater sobre assuntos relevantes ao grupo de empresas familiares. Estimular o conhecimento, a aprendizagem e a troca de experiências entre empresas de setores semelhantes é atitude de apoio para pequenos e médios empreendedores. Essa promoção de trocas cria aproximação, estimula o confrontamento de histórias, e faz com que encontrar semelhanças entre as gestões seja normal e comum.

Cases de sucesso viram inspirações. O que essas empresas estão fazendo que está dando certo? Esse é o espaço reservado para que empresas familiares dividam seus aprendizados e transcrevam seus passos, evidenciem suas melhorias, tanto de estratégia como financeira.

Esses movimentos de apreciação e processamento, comparação e crítica, acontecem por meio da inteligência cognitiva. É ela que permite entender e compreender o que está acontecendo a nossa volta e nos instiga a fazer checagens. É a inteligência cognitiva se demonstrando, sinalizando e enfatizando por meio da racionalização dos dados.

Os dados, os indicadores, permitem o monitoramento das ações e apoiam no questionamento das ferramentas que classificam, ordenam e quantificam o modelo de gestão utilizado no momento. Esses indicadores permitem tangibilidade, pois trabalhar com evidências é importante para a tomada de decisões. Devido às demandas de mercado, é importante ter membros externos apoiando a empresa, e isso inclui as atividades de consultorias. Normalmente, o primeiro a ser chamado é o consultor financeiro, afinal, é por meio dos números que as empresas enxergam seus resultados.

O curioso é que, muitas vezes, lidar com os números pode ser mais fácil do que lidar com as emoções. Sem gestão emocional, o fluxo de caixa da empresa pode ser comprometido.

A administração dessas emoções exige competências e habilidades. Como vimos anteriormente, é o exercício do autoconhecimento, é a prática da inteligência emocional sendo aplicada. A partir disso, é possível o processo empático, o respeito e até mesmo a aceitação dos distintos perfis que exercitam as diferentes formas de percepção.

Toda empresa passa por mudanças ao longo de sua existência, e as empresas familiares estão dentro desse escopo de melhorias contínuas e reestruturações baseadas na tecnologia e na inovação. Vale a pena ressaltar que as empresas não estão inseridas em cenários estáticos, estão em movimento, o que demanda novas posturas, comportamentos, habilidades e ações de maior eficiência e performance.

Na atualidade, as empresas até têm interesse em se destacar por meio de uma gestão por competências, mas, para que isso aconteça, é situação *sine qua non* a capacidade de encarar novos desafios em um crescente nível de complexidade e de implementação.

A gestão por competência em empresas familiares é uma maneira de profissionalizar e exige implementações em etapas, estágios a serem cumpridos, e conforme Ricca (2007, p. 138) pontua, o estágio mais complexo "[...] são os valores normalmente imbuídos de laços sentimentais e místicos formados ao longo da experiência de vida coletiva, seja na família ou em grupos informais [...]." Estamos falando, inclusive, dos sentimentos de competência, quando vemos emocionalmente nossas competências como fracas para o cargo.

Ser ou não ser competente, eis a questão. O resultado das competências está vinculado às combinações das competências essenciais, aquelas da organização, e as competências individuais. Se de um lado estão as competências que levarão a empresa aos norteadores estratégicos, do outro estão as que levarão o indivíduo ao encontro de seu propósito. O grande desafio é alinhar todas essas perspectivas. A empresa familiar pode ser o meio para que os propósitos pessoais sejam alcançados e, quando isso acontece, há uma relação de ganha-ganha. Se existem relações e laços positivos, as competências estão trabalhando para ajudar a mitigar os conflitos disfuncionais.

No que tange as competências, é sempre interessante considerar a vinculação do desempenho, afinal, ser competente é ter a capacidade de realizar de forma eficaz as atividades, por meio da sustentação do SABER, O SABER FAZER e o QUERER FAZER. Ser competente é ter valor social e valor econômico. Veja a Figura 3.11.

Outro fator importante ligado às competências são os perfis comportamentais que estão ligados com a *perfomace* diante das situações de trabalho.

Os autores que pesquisam a gestão por competência citam várias competências importantes no exercício da liderança, mas dois grandes grupos aparecem como destaque: competências técnicas e competências comportamentais.

As competências técnicas estão relacionadas àquela *perfomace* em que a pessoa demostra suas habilidades adquiridas formalmente, seja nas escolas, em cursos profissionalizantes, palestras, congressos e até nas experiências adquiridas ao longo da carreira.

As competências comportamentais estão relacionadas àquela *perfomace* ligada ao comportamento humano. Pense em tudo que você leu nos capítulos anteriores sobre emoção, sentimento e inteligência emocional; esses temas estão ligados às competências comportamentais e à forma como a pessoa lida e responde às situações de trabalho.

As competências revelam, hoje em dia, ser um conjunto de comportamentos inter-relacionados.

FIGURA 3.11: C.H.A.

Fonte: Adaptado de Moura (2019).

Nesse sentido, acrescentamos que as pessoas não devem ser apenas competentes no trabalho, nas atividades que executam, mas é necessário criar um senso de participação, um viés totalmente colaborativo que proporcione a interdependência. Isso só é possível viabilizando atitudes que busquem relações inteligentes e saudáveis que proporcionem diálogos e negociações ganha-ganha.

Assim, a empresa deve investir em oportunidades para que esse processo de metamorfose aconteça. Nesse momento, vale destacar os projetos de autodesenvolvimento, que incluem muitas vezes a contratação de parceiros de negócios, facilitadores, consultorias e treinamentos que possam suportar as necessidades da empresa como um todo, incluindo apoio à família.

Como já referido, as empresas familiares de pequeno ou médio porte estão vislumbrando a entrada de membros externos, como consultorias e/ou treinamentos, para apoiá-las na gestão. Essa demanda vem ao encontro das novas perspectivas de mercado, o novo ambiente criado pelo efeito V.U.C.A. (Volátil, Incerto, Complexo e Ambíguo), características definidas do momento atual que exigem ações diferenciadas. O que deu certo no passado não necessariamente dará certo agora, no futuro. Importante lembrar que temos um capítulo dedicado ao V.U.C.A.

Nesse momento, colocaremos o foco nas competências ligadas a esse movimento de mudanças nas empresas, incluindo as familiares.

Diante dessas constatações, as empresas familiares necessitam aprimorar suas habilidades organizacionais e individuais. Talvez não sejam novas habilidades, mas novas combinações que se tornarão competências para prosperar no mundo V.U.C.A.

As competências são: Visão, Entendimento, Clareza e Agilidade.

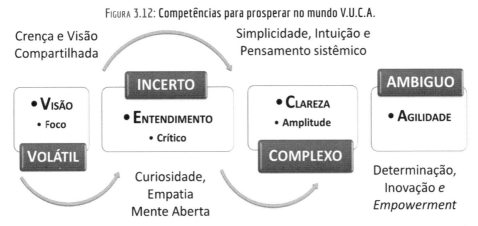

Figura 3.12: **Competências para prosperar no mundo V.U.C.A.**

Fonte: Adaptado de Morsch (2019)

Visão estratégica: Essa competência sempre foi importante no sentido de permitir um alinhamento de colaboradores em torno dos norteadores estratégicos da empresa. A visão estratégica tem como objetivo garantir que as diretrizes da empresa sejam praticadas nas atividades dos colaboradores. Esse foco permite ao gestor familiar ter a certeza de que o DNA de sua empresa esteja presente em todos os projetos. Quando a visão estratégica é praticada, a crença em si mesmo e nas pessoas da organização cresce e se incorpora. Assim fica muito mais fácil o compartilhamento do propósito da empresa familiar. O desafio da velocidade e da instabilidade atual que determina situações inusitadas pode ser mitigado.

Entendimento: Essa competência está integrada com as habilidades emocionais importantes. Um exemplo é a empatia. Saber se colocar no lugar do outro é fundamental em tempos incertos em que a empresa pode ser surpreendida, causando hesitação. Ter a mente aberta para dar possibilidade a pensamentos críticos, permitindo ser questionado constantemente sobre ideias preconcebidas, gerará relacionamentos mais sensíveis. Por outro lado, é uma das estratégicas de sobrevivência para lidar com problemas complexos. Analisar problemas complicados por meio de percepções diferenciadas, instigado pela curiosidade da frase "sempre foi assim", gera críticas construtivas.

Clareza e amplitude: Essas competências apoiam a simplificação de situações complexas e na visão do todo. Como vivenciamos um momento de muita velocidade, variedade e volume de dados, ser simples sem perder a visão global passa a ser uma exigência de capacidade de liderança. As empresas familiares precisam entender que elas não estão isentas dessas movimentações de interconexões. A realidade complexa aborda uma realidade de interdependência. Elementos como a intuição, flexibilidade e resiliência não devem praticados.

Agilidade: Essa competência é uma das mais difundidas no momento atual; tudo dever ser ágil. Alguns cuidados devem ser tomados com relação a essa tendência de agilidade. Empresas familiares, principalmente as de pequeno e médio porte, têm um "tempo organizacional" muito específico. Como temos as relações de afeto vinculadas o tempo todo nos relacionamentos, a agilidade não pode fomentar desequilíbrio. Entendamos que a palavra "agilidade" esteja direcionada muito mais à determinação do que à pressa. Ser determinado para inovar é uma questão importante em um ambiente de transformações contínuas e disruptivas. Ser determinado em fazer melhor e com qualidade como novas tecnologias. E é preciso também empoderar pessoas. Quando fazemos isso, implementamos a confiança, e em um cenário turbulento e rápido, precisamos de mais pessoas tomando decisões.

Pelo exposto, não fica difícil associar as questões dos perfis comportamentais com as de desempenho e de competências. O perfil comportamental de uma pessoa indica a forma como ela decodifica, como compreende e identifica os estímulos externos e, posteriormente, como se posiciona, reage e procede diante das situações.

Muitos autores correspondem os perfis com o mapeamento da personalidade da pessoa. Realmente, é possível afirmar por meio dos estudos já realizados que a personalidade interfere na forma como uma pessoa reagirá sob uma determinada situação.

A adequação das atividades e/ou do cargo com os perfis comportamentais das pessoas é cenário ideal para recrutadores, selecionadores e líderes.

Em empresas familiares, os testes de perfis são usados inclusive para os gestores, membros da família que estão no processo de sucessão ou na direção atual. Essa ferramenta, aplicada em conjunto com outras ferramentas de desenvolvimento humano, ajuda no entendimento pessoal e, consequentemente, apoia os relacionamentos e amplifica as competências no exercício das atividades atribuídas.

As experiências apontam que, durante o processo de implementação da governança, as aplicações de testes e levantamento de perfis são bem aceitos, e essa percepção, mesmo que qualitativa de pouca resistência, é positiva.

Quando iniciado o processo de competências dentro da empresa, o aconselhado é que esse modelo passe a ser o norteador das estratégias da empresa na área de gestão de pessoas. O RH pode utilizá-lo de diversas formas e em vários subsistemas diferentes, desde o recrutamento e seleção, plano de cargo e salários e avaliação de desempenho.

Dento do escopo da gestão por competência está o mapeamento dos perfis, que apoiará no aumento da valorização das habilidades e indicará novas oportunidades de desenvolvimento, uma fotografia do quadro do material humano da empresa.

A utilização de testes nas empresas familiares permite ajustes de atividades aos perfis mais indicados, e é uma ferramenta de mensuração confiável que pode ser utilizada como complemento, por exemplo, na distribuição de cargos e atividades dos herdeiros nos processos sucessórios.

Colocar as pessoas certas nos lugares certos é o objetivo de todas as empresas. A especificidade da empresa familiar é que, além de colocar as pessoas certas nos lugares certos, ela terá de lidar também na acomodação das hierarquias de hereditariedade, que podem comprometer a decisão mais encaixada.

Ao fazer escolhas inadequadas tomando como base outros critérios que não sejam as competências e aptidões, a empresa assume os riscos da falta de produtividade e compromete a qualidade. É como ter um diagnóstico de determinada doença e tomar o remédio errado.

Quando as escolhas não são feitas por critérios claros, que apresentem um racional de sustentação, como os de competências, as chances de os resultados serem negativos aumentam, e a direção da empresa poderá ser questionada. As pessoas, quando colocadas em xeque, trazem movimentos emocionais de ataque ou fuga, e essas emoções de sobrevivência são pólvora para os conflitos e confrontos entre os membros familiares.

Nesse sentido, os desgastes serão generalizados, incluindo boa parte dos colaboradores, que se cansam de ambientes tão exaustivos. A chance de perder talentos e a falta de sincronismo corroem o clima organizacional, e a empresa e seus resultados estarão por conta da desmotivação.

Escolhas inadequadas envolvem muitos elementos. Para apoiar os gestores de empresas familiares, o método de gestão por competência pode auxiliar, pois dará clareza aos critérios de escolha de cargos e atribuições de atividades.

Alguns pontos positivos da gestão por competência: redução da rotatividade, aumento de produtividade, formação de equipes mais integradas e complementares, seleção de candidatos mais aderentes ao modelo cultural da empresa, trilha de carreira, planos de desenvolvimento individuais ou por áreas, escolhas estratégicas e alinhadas em treinamentos/capacitações, gestão dos conflitos, melhoria de clima organizacional e principalmente a motivação.

Lições aprendidas

Nesse capítulo você teve acesso a informações sobre inteligência cognitiva e emocional. Compreendeu que essas inteligências são ingredientes importantes para as empresas familiares. Também conseguiu identificar melhor os papéis e as diferenças das emoções e dos sentimentos. E sobre os ganhos da inteligência emocional, temos a ação empática, tão necessária para construir relacionamentos saudáveis. Você pôde identificar as competências emocionais por meio de duas grandes perspectivas da IE: a interpessoal (competências sociais) e a intrapessoal (competências emocionais). A comunicação também foi abordada, pois é um item dentro da cesta inteligência emocional. Você teve acesso aos seis passos que envolvem a comunicação e soube que os aspectos emocionais são decisivos nesse processo. Você teve acesso também ao conceito de conflito disfuncional, os chamados confrontos. Todas as organizações familiares passam por dificuldades e desafios, por isso a sugestão foi a implementação de uma gestão por competência, para tornar mais claros os critérios nas tomadas de decisão sobre cargos e funções, tanto da família como dos colaboradores. E teve acesso às competências essenciais de um líder para gerenciar uma empresa em um mundo em transformação, com mudanças complexas e instáveis.

Bibliografia

CARUSO, David R.; SALOVEY, Peter. *Liderança com Inteligência Emocional: liderando e administrando com competência e eficácia.* São Paulo: M. Books do Brasil, 2007.

CARVALHAL, Eugênio *et al. Negociação e administração de conflitos.* 4. ed. Rio de Janeiro: Editora FGV, 2014.

CATALÃO, J. A.; PENIM, A. T. *Ferramentas de coaching.* 6. Ed. Lisboa: Lider, 2012.

CEPELOWICZ, Sérgio. *Empresa familiar: Relações, sentimentos e conflitos.* 1996. 143p. Dissertação de Mestrado. Coppead, Universidade Federal do Rio de Janeiro.

CORTELLA, Mario Sérgio. Disponível em: ‹https://www.gazetaonline.com.br/noticias/cidades/2016/04/sociedade-precisa-do-conflito-nao-do-confronto-diz-mario-sergio-cortella-1013938687.html›. Acessado em: 20 de fev. 2019.

CURY, Augusto. *Gestão das emoções.* São Paulo: Saraiva, 2015.

GOLDSMITH, M.; LYONS, L. FREAS, A. *Coaching: o exercício da liderança.* 10. ed. Rio de Janeiros: Campus, 2003.

GOLEMAN D. *Inteligência Emocional: a teoria revolucionária que redefine o que é ser inteligente.* 2. ed. Rio de Janeiro: Objetiva, 1996.

GROSS. Marcos. *Dicas práticas de comunicação: boas ideias para os relacionamentos e os negócios.* São Paulo: Trevisan, 2013.

GUERRA, Sandra. *A caixa-preta da governança.* 1ª ed. Rio de Janeiro: Best Business, 2017.

FREITAS-MAGALHÃES, A. *O Código de Ekman: o cérebro, a face e a emoção.* Porto: Edições Universidade Fernando Pessoa, 2011.

MOURA, Wilson. *Gestão por competência, motivação e comprometimento organizacional.* Disponível em: ‹https://pt.scribd.com/document/254446790/Gestao-por-Competencias-Motivacao-e-Comprometimento-Organizacional-pdf›. Acessado em: 26 de mar. 2019.

MORSCH, Marco. *Como prosperar no Mundo VUCA*. Disponível em: ‹http://www.administradores.com.br/artigos/negocios/como-prosperar-no-mundo-vuca-em-2018/108440/›. Acessado em: 25 de mar. 2019.

PRADO, Roberta Niac. *Empresas familiares: uma visão interdisciplinar*. São Paulo: Noeses, 2015.

RICCA, Domingos. *Sucessão na empresa familiar: conflitos e soluções*. São Paulo: CLA Cultura, 2017.

SILVERIO, André. *Empresas familiares: raízes e soluções dos conflitos*. Porto Alegre: Age, 2007.

SOTO, Eduardo. *Comportamento organizacional: o impacto das emoções*. São Paulo: Pioneira Thomson Learning, 2005.

CAPÍTULO 4
O MODELO DOS 3 CÍRCULOS DO SISTEMA DE EMPRESAS FAMILIARES: A PRÁTICA NAS PEQUENAS E MÉDIAS EMPRESAS

"Não há fatos eternos como não há verdades absolutas."

Friedrich Nietzsche

Introdução

Inicialmente, apresentaremos algumas premissas sobre a gestão das empresas familiares, considerando que não existe uma receita a ser seguida que se adeque como formato para todas as empresas. Ressaltaremos a importância do diagnóstico inicial para que os membros das empresas se situem e, a partir daí, tracem seus planos por meio de monitoramento contínuo.

Outro objetivo deste capítulo é apresentar as diferenças e semelhanças entre as empresas familiares, tendo como referência o Modelo dos 3 Círculos e como as variáveis família, empresa e propriedade se relacionam e compõem a complexidade das empresas familiares.

Também são demonstradas as fases de evolução dessas variáveis (família, empresa e propriedade) e como elas impactam umas às outras. Por fim, é sugerida uma reflexão sobre as prioridades dos membros de uma empresa familiar e como elas podem variar positiva ou negativamente na trajetória das empresas, das famílias e da propriedade.

O contexto das empresas familiares

Como mencionado na apresentação deste livro, temos como proposta contribuir para que as pequenas e médias empresas familiares possam refletir e propor práticas sobre como conduzir seus negócios no longo prazo, tendo como referência a definição de ações de curto, médio e longo prazo.

A proposta deste livro vai além da realidade das grandes corporações que têm recursos finaneiros que facilitam a contratação de serviços de consultorias especializadas e que permitem estruturar a governança das empresas familiares e criar mecanismos para o aumento da longevidade dessas organizações.

As propostas práticas apresentadas têm explicações modeladas pela teoria não utópica, mas uma teoria que explica e apresenta alternativas para uma boa prática, sempre respeitando a cultura organizacional e a da família de cada empresa.

Para que o leitor tenha um bom proveito das reflexões, propostas e práticas sugeridas neste capítulo, é importante que tenha como referência algumas premissas:

❐ **Não existe uma "receita" do que deve ser feito**, apesar de apresentarmos algumas alternativas para nortear as empresas familiares, pois o que deve ser feito dependerá:

- da **história** de cada família;

- dos **valores** cada família;

- da **história** de cada **novo núcleo da família** da empresa;

- do momento do **ciclo da vida de cada membro da família**, da empresa e do patrimônio;

- das **prioridades** percebidas por cada empresa e família.

❐ Cabe a cada empresa familiar identificar a melhor forma de conduzir seus negócios e entender que fazer **a gestão da família, da empresa e do patrimônio é um processo contínuo**. A gestão não acaba, não se "estabiliza", pois todas suas variáveis são dinâmicas e mudam de posição a todo momento.

❐ Os **valores iniciais advindos da família podem não se perpetuar ao longo da vida da empresa familiar**, e essas mudanças podem ser fontes de **conflitos**.

Entendemos que a prática é que subsidia a formação das teorias. Os estudos sobre empresas familiares são recentes na Administração, focando um campo novo e ainda pouco explorado. A partir da década de 1970, os estudos sobre a temática da empresa familiar começaram a se expandir cada vez mais, apesar de os estudos sobre os problemas típicos de pequenas empresas familiares datarem da década de 1950 (GERSICK *et al.*, 2017).

É muito provável que esse crescimento no número de estudos decorra da importância que a temática tem, pois, por exemplo, nos EUA, mais de 2/3 das empresas são familiares; no Brasil elas representam mais da metade do PIB e 3/4 dos empregos, e cada vez mais a visão antiga de que as empresas familiares são retrógradas e ineficientes tem sucumbido à real importância econômica de tais empresas para a sociedade (GERSICK *et al.*, 2017).

CURIOSIDADE

Conheça a participação percentual de empresas familiares em diferentes países[1] e veja como elas constituem quase a totalidade.[2]

- ✓ No **Brasil**, as empresas familiares representam mais de **95% das organizações**.
- ✓ No **Canadá**, elas são **90% de todas as empresas**.
- ✓ No **Chile**, as empresas familiares representam **65% das grandes e médias empresas e 90% de todas as empresas**.
- ✓ Na **Suíça**, representam entre **85% e 90%**.
- ✓ No **México**, elas são **80% de todas as organizações**.
- ✓ Na **Espanha**, as empresas familiares são **71% das instituições**.
- ✓ Em **Portugal**, representam **99% das pequenas e médias empresas**. Na **Itália** também.
- ✓ Nos **Estados Unidos**, as estatísticas apresentadas variam entre **80% e 98%, de acordo com o setor da empresa**.
- ✓ **Empresas familiares:** 35% das 500 maiores empresas, segundo a revista Fortune.
- ✓ **Portanto, e**stima-se que de 65% a 80% de todas as empresas do mundo são familiares.

---

[1] <http://www.portaltudoemfamilia.com.br/cms/?p=97>
[2] Esses dados não são precisos, pois podem existir divergências na conceituação do que seja empresa familiar nos diferentes países. Porém, servem como uma referência.

Além de mudar a percepção distorcida de que as empresas familiares são ineficientes e retrógradas, talvez a relativa novidade nos estudos decorra da privacidade em que esse campo de estudo busca refletir, criticar e propor alternativas para a solução de problemas, pois ele se refere a assuntos velados no próprio seio das famílias.

As famílias não costumam discutir suas "dores", elas não expõem suas angústias, e quando são envolvidas questões empresariais muitas vezes estas só são "colocadas na mesa" quando algum fato de grande impacto acontece, como a morte, uma enfermidade ou algum outro fator que gere uma desestruturação no "equilíbrio" da família e da empresa. Colocamos equilíbrio entre aspas porque, muitas vezes, ele só existe na aparência (equilíbrio temporário) ou pelo respeito a algum membro da família que exerce a autoridade sobre os demais, em muitos casos coincidindo com a autoridade dos pais.

Gersick *et al.* (2017) apontam que "os indivíduos e seus relacionamentos mudam com o tempo e passam por diversos estágios, cada um deles com características e problemas próprios", interferindo de diferentes formas na conduta dos indivíduos na empresa, na família e nas relações patrimoniais.

A teoria adotada por diversos estudiosos para entender a estrutura e a organização das empresas familiares é conhecida como Modelo dos 3 Círculos do Sistema de Empresa Familiares, de autoria de John A. Davis e Renato Tagiuri, a qual usaremos como referência teórica e de proposição das práticas ao longo de todo este livro. Para Gersick *et al.* (2017), ainda não existe uma teoria do comportamento do sistema de empresas familiares, mas o que já está disponível nas pesquisas é suficiente para definir um bom começo. No Brasil, os estudiosos desse tema que mais tem se destacado pelas publicações e trabalhos de consultorias realizadas são João Bosco Lodi e Renato Bernhoeft.

Diferenças e semelhanças entre empresas e famílias

Nas economias capitalistas, a maioria das empresas é iniciada com ideias, esforços e recursos de empreendedores e de suas famílias. Elas se constituem de forma complexa e "complicada", mas são essenciais para a economia mundial e satisfação de milhões de pessoas.

A complexidade das empresas familiares decorre das relações e dos interesses sobrepostos, como apontado por Tagiuri e Daves (1996), que envolvem três grandes variáveis complexas por natureza, que são: família, empresa e propriedade. São "complicadas" porque envolvem de forma contínua um jogo emocional e racional. A todo momento as relações afetivas são colocadas de "frente" às relações racionais, com foco em resultados materiais e financeiros. Emocional porque a todo momento a afetividade das relações está presente e interfere na tomada de decisões, promovendo de forma contínua o confronto entre o dever e o sentir.

A dissonância cognitiva (desconforto psicológico oriundo do choque de valores) é despertada continuamente, gerando dúvidas e conflitos internos nos indivíduos envolvidos nas relações. No íntimo do ser humano, o que se busca é a harmonia e o bom relacionamento entre as pessoas, mas atingir esse equilíbrio nas relações está longe de ser fácil quando envolve família, empresa e propriedade. Para cada uma dessas variáveis existem elementos suficientes para gerar conflitos de interesses, dos simples aos mais complexos.

O dever moral e ético da família é confrontado com o dever racional para a manutenção e gestão da empresa. As empresas conduzem suas atividades com foco na meritocracia, e as famílias buscam a igualdade de direitos entre seus membros, principalmente quando envolve a relação de pais para filhos. Ou seja, as regras que norteiam a gestão da família e das empresas têm princípios divergentes entre si, colocando as relações em constante estado de confronto. Veja no Quadro 4.1 algumas dessas diferenças.

QUADRO 4.1: Diferenças entre as regras da família e dos negócios

Regras da família	Regras do negócio
Os pais sentem que constituem como suas responsabilidades:	Os gestores têm como função e dever:
• Apoiar financeiramente os filhos de acordo com as necessidades (estudos, atividades profissionais, primeira moradia etc.).	• Remunerar de acordo com os padrões do mercado e do desempenho individual.
• Tratar igualmente os filhos.	• Estimular o alto desempenho dos profissionais e das equipes.
• Dar condições acadêmicas para cada filho e formação educacional (esporte, música, lazer etc.) conforme o perfil de cada um.	• Apoiar no desenvolvimento dos profissionais para atender aos objetivos empresariais.
• Estabelecer a obediência hierárquica.	• Recrutar, selecionar e manter os talentos profissionais mais qualificados.

Fonte: Adaptação INSPER (2019).

O Modelo dos 3 Círculos do Sistema de Empresa Familiares propõe uma reflexão sobre o contínuo movimento entre os elementos das variáveis que envolvem a família, os proprietários e a empresa.

Se considerarmos uma empresa nascente, a sobreposição das três variáveis (família, propriedade e empresa) é inevitável, pois elas formam um aglomerado único. A família constitui a empresa, sendo ela também a proprietária única do negócio. Não existe distinção clara, até porque os papéis de pais, gestores e proprietários são realizados pelas mesmas pessoas fisicamente e, muitas vezes, até o espaço físico inicial da atividade profissional é o mesmo da residência da família, conforme demonstrado na Figura 4.1.

FIGURA 4.1: Sobreposição de papéis nas empresas familiares no início das atividades

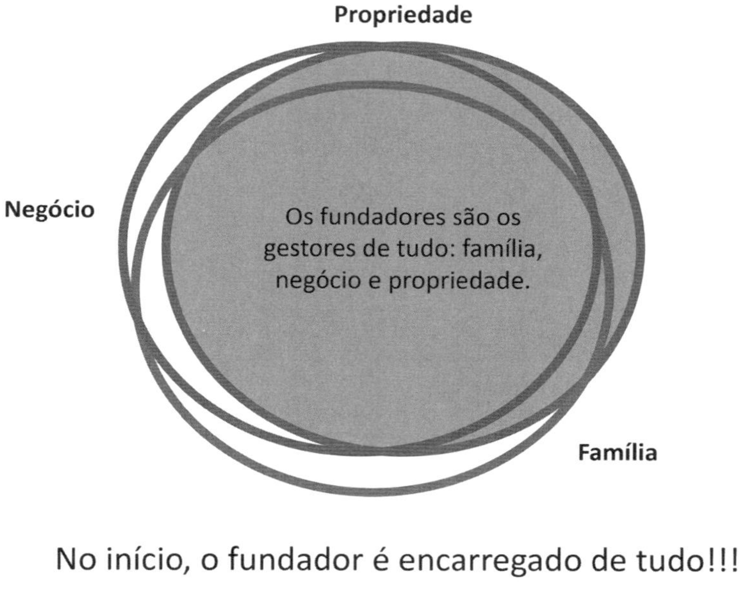

No início, o fundador é encarregado de tudo!!!

Fonte: INSPER (2019).

É nessa convergência de papéis que nasce uma pequena empresa familiar. Uma vez que essa empresa vence seus obstáculos iniciais, que muitas vezes estão relacionados ao fluxo de caixa negativo, as três variáveis (família, negócio e propriedade) tendem a se expandir, diminuindo a elevada sobreposição de papéis, conforme demonstrado na Figura 4.2.

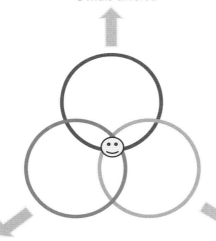

Figura 4.2: Expansão das variáveis dos três círculos

Propriedade para um grupo maior e mais diverso

A **família** cresce; conexões entre os familiares e com o negócio ficam menos intensas

Os **negócios** crescem e se diversificam; executivos não familiares têm mais autoridade

Fonte: INSPER (2019).

O distanciamento que ocorre entre as três variáveis ao longo do crescimento da empresa familiar torna cada vez mais complexas as relações existentes, pois cada vez mais novas pessoas são envolvidas e incluídas, mais familiares (filhos, tios, primos) participam do negócio (com novas funções e cargos), o negócio incorpora novos problemas decorrentes do crescimento (fatores internos e externos ao ambiente organizacional) e o controle acionário é, muitas vezes, alterado entre os membros da família, e em alguns casos, ocorre a inclusão de profissionais ou investidores externos à família. Observe que a relação entre duas pessoas iniciais no negócio é totalmente alterada ao longo do desenvolvimento da empresa e da família. Quanto mais a empresa cresce, mais complexa ela fica, e o mesmo vale para o crescimento da família e da propriedade.

O **envolvimento familiar** do início do negócio nem sempre é percebido nas gerações seguintes. A paixão pelo negócio por parte dos fundadores pode não ser a mesma dos filhos e netos. O sonho do fundador decorre de um projeto pessoal, que pode não ser compatível com o de seus sucessores. Por exemplo: o fundador de uma grande rede de supermercados pode ter filhos que desejam ser médicos e não manifestam nenhum interesse pelo varejo.

Também pode ocorrer de o modo de conduzir os negócios diferir do **modelo de gestão** dos fundadores. Por exemplo: o fundador sente a necessidade de manter contratado um profissional porque estão juntos desde o início das atividades, porém esse funcionário não apresenta um desempenho compatível com a necessidade de crescimento da empresa. A gestão seguinte pode considerar que esse profissional deve ser desligado da empresa, visto que não atende mais às demandas. As relações afetivas dão espaço para uma gestão profissionalizada, racional e baseada em resultados.

Ao longo do desenvolvimento da empresa e da inclusão de novos **acionistas**, pode acontecer de algum dos membros da família não desejar mais ser proprietário/acionista, o que provocará vários questionamentos e reposicionamentos, tais como: quem comprará essas quotas? Quais são os critérios e os perfis dos novos entrantes? Qual será o valor da venda?

A partir do entendimento do Modelo dos 3 Círculos, sugere-se que seja realizada a análise de como essas variáveis ocorrem na empresa familiar e onde estão posicionadas as pessoas em cada uma das partes dos três círculos, conforme a Figura 4.3. Os membros de um negócio familiar veem o mundo em uma das sete posições. Em cada posição do membro da família, existem perspectivas diferentes, vivem papéis, relacionamentos e expectativas diferentes, mas muitas vezes sobrepostos. Os membros envolvidos na empresa familiar precisam aprender a gerenciar as questões de cada posição na "cadeira", em uma relação empática de cada posição.

FIGURA 4.3: Posição dos membros no Modelo dos 3 Círculos

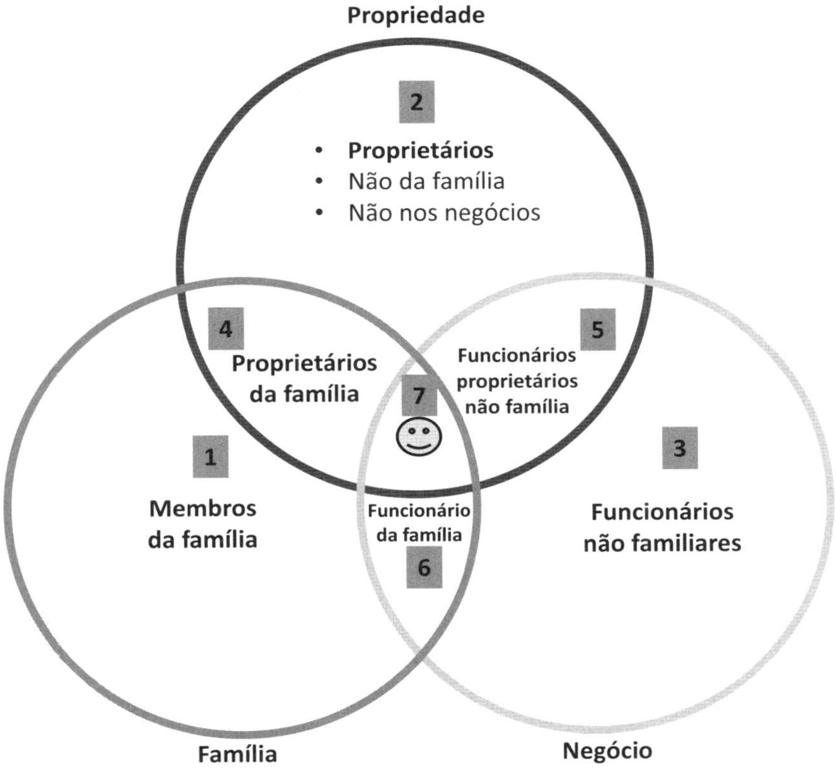

Propriedade

2
- **Proprietários**
- Não da família
- Não nos negócios

4
Proprietários da família

5
Funcionários proprietários não família

7

1
Membros da família

Funcionário da família

6

3
Funcionários não familiares

Família

Negócio

Fonte: Adaptado de GERSICK et. al (2017, p. 6)

Veja o significado de cada uma dessas partes do Modelo dos 3 Círculos no Quadro 4.2.

Quadro 4.2: **Significado das posições do Modelo dos 3 Círculos**

1	Membro da família	Não é acionista e nem atua na empresa.
2	Proprietários/acionistas	São os sócios (donos) da empresa no contrato social (no documento jurídico de composição da empresa).
3	Funcionários da empresa	Pessoas que trabalham na empresa, mas não são membros da família.
4	Proprietários da família	São os membros da família que também são sócios (donos) no contrato social (no documento jurídico de composição da empresa).
5	Funcionários proprietários não membros da família	São os acionistas (sócios/donos) que não são da família, mas que trabalham na empresa.
6	Funcionários da família	São os membros da família que trabalham na empresa, mas não são acionistas (sócios/donos)
7	Membros da família, proprietários e trabalham na empresa	São os membros da família que, além de serem acionistas (sócios/donos), também trabalham na empresa. Todas as funções são sobrepostas.

As pessoas que participam desses três círculos têm papéis, interesses e prioridades muitas vezes diferentes entre si, e suas atuações afetam sistemicamente todos os círculos, seja positivamente ou não.

Agora é com você!

Imprima o Modelo dos 3 Círculos em uma folha de cartolina ou em uma página A1 e realize as seguintes análises em relação à sua empresa, utilizando post-its:
- ✓ Quem são as pessoas que estão em cada uma das áreas do círculo?
  Liste o nome delas e fixe um post-it com o nome delas sobre a posição no círculo.
- ✓ Quais são os papéis de cada membro da família?
  Liste e fixe nos círculos as atribuições/funções/atividades que cada membro da família realiza.
- ✓ Quais são os interesses e as prioridades de cada uma dessas pessoas?
  Liste os interesses e prioridades de cada uma delas, identificando suas expectativas de curto, médio e longo prazo.

✓ Existe a possibilidade de algum membro da família mudar sua posição nos três círculos? Algum membro da família tem interesse em ser acionista? Algum membro tem interesse em trabalhar na empresa? Algum membro da família que hoje é acionista deseja sair da sociedade? Algum membro importante da empresa que seja da família deseja sair dos negócios? Caso ocorra o falecimento ou algum acidente que deixe um membro inválido, quem muda de posição? Diante de cada uma dessas possibilidades, o que a família, a empresa e os acionistas deverão fazer?

✓ Como essas posições afetam todo o sistema?
Liste as implicações de cada um dos membros em suas respectivas posições. Identifique as vantagens e desvantagens dessas posições para cada um dos círculos.

✓ De todas as suas análises, o que mais lhe incomodou?
Identifique os incômodos desta análise, anote-os e elabore um plano de ação para lidar com as possíveis situações.

Observe que essa análise pode variar em função do tempo de observação. Portanto, ao fazê-la, defina o período da análise. Por exemplo: momento atual, daqui a três anos, daqui a dez anos. Se possível, elabore a análise com a participação de outros membros da empresa familiar, podendo contar com a participação de membros que não sejam da família.

É importante ressaltar que os membros de uma empresa familiar podem assumir uma diversidade de papéis de liderança dentro e fora da empresa, tais como proprietários (acionista/sócio), executivos (trabalhar na empresa), membros do Conselho da Família, Acionista ou da Gestão (no Capítulo 6 é explicado cada um dos papéis desses conselhos), desenvolvedores de sucessores e talentos para trabalhar diretamente na empresa (ou fora dela), mediadores de conflitos das relações entre os membros da família com relação às questões da empresa, gestores de novos empreendimentos, empreendedores de ações sociais, entre outras. Ou seja, existem diferentes oportunidades de atuação em cada uma das posições dos três círculos ou fora da empresa.

Lodi (1987) apresenta diferentes possibilidades de trabalho para os membros de uma família, que vão além de atividades de gestão na própria empresa, conforme apresentado na Figura 4.4.

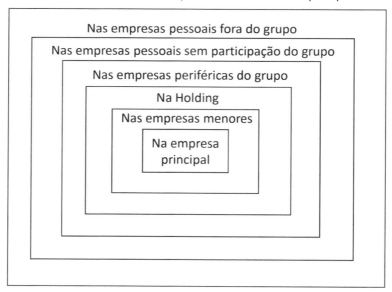

Figura 4.4: Localidades de trabalho para os membros de uma empresa familiar

Fonte: Adaptação Lodi (1987, p. 84).

Conforme a realidade de cada empresa, devem ser estudas as possibilidades para localidade de trabalho dos membros da família, seja dentro ou fora dos negócios da família.

Diferentes momentos da empresa familiar: o Modelo Tridimensional do Desenvolvimento

Uma das vantagens de ser dono de uma empresa é que o dono toma as decisões e define as escolhas para as soluções dos problemas. Entretanto, os membros da empresa familiar devem ter claro entre si o que querem com a empresa, quais escolhas devem ser tomadas em relação ao crescimento ou não, aos investimentos que devem ser realizados ou não, quais prioridades devem ser escolhidas e se elas estão alinhadas com o uso dos recursos financeiros da empresa.

Essas decisões estão relacionadas aos diferentes estágios de desenvolvimento e evolução em que se encontram as empresas, as famílias e o patrimônio. Segundo Gersick *et al.* (2017 p. 16), "o resultado da adição do desenvolvimento ao longo do tempo aos três círculos constitui o Modelo Tridimensional de Desenvolvimento da Empresa Familiar (Figura 4.5)".

O Modelo dos 3 Círculos do Sistema de Empresas Familiares...   77

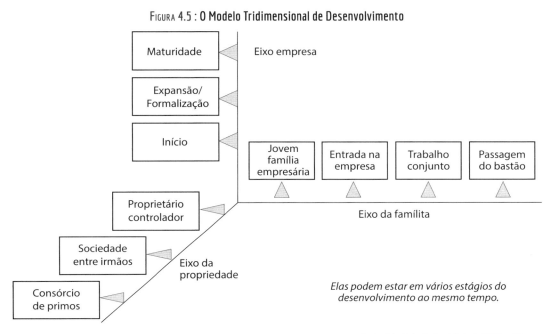

Figura 4.5 : O Modelo Tridimensional de Desenvolvimento

Elas podem estar em vários estágios do desenvolvimento ao mesmo tempo.

Fonte: Adaptado de Gersick et al., 2017, p. 17.

Para cada um dos três subsistemas — propriedade, família e gestão — existe uma dimensão separada de desenvolvimento. Cada um desses subsistemas tem uma sequência de desenvolvimento que afeta os outros subsistemas, apesar de eles serem independentes. O desenvolvimento de cada subsistema ocorre em ritmos diferentes conforme a história de cada família, empresa e propriedade.

O Modelo Tridimensional de Desenvolvimento é outra forma de verificar a evolução do Modelo dos 3 Círculos, sendo que cada círculo (subsistema) tem sua história, e os círculos se retroalimentam continuamente. Apesar de o Modelo Tridimensional ter um desenho linear, na prática, não é assim que ele acontece. A seguir explicaremos algumas das variações de cada um dos eixos do Modelo Tridimensional.

Veja algumas análises de como cada elemento do **eixo família** se desenvolve, conforme apontado na Figura 4.6 e descrito no Quadro 4.3.

FIGURA 4.6: Desenvolvimento do eixo família

| Jovem família empresária | Entrada na empresa | Trabalho conjunto | Passagem do bastão |

Eixo da famílita

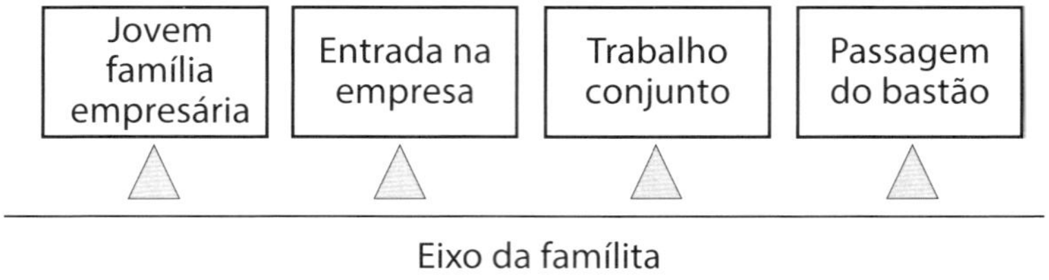

Fonte: Adaptado de Gersick et al., 2017, p. 21.

QUADRO 4.3: Exemplo de desenvolvimento do eixo família.

Jovem família empresária	Período de atividades intensas, em uma parceria conjugal em que o casal faz todas as atividades em um acordo entre as partes, seja o marido atuando no negócio e a mulher cuidando da casa e dos filhos, ou vice-versa; seja os dois cônjuges trabalhando diretamente no negócio. O que caracteriza esse estágio no eixo familiar é o acordo/pacto para com os cuidados da família e do negócio ao mesmo tempo.
Entrada na empresa	Período em que as famílias investem na formação e, posteriormente, na carreira dos filhos, decidindo sobre os critérios de ingresso dos filhos na empresa ou não.
Trabalho conjunto	Período em que os filhos estão entre os 20 e 30 anos, e os pais, em torno de 50 anos, cabendo aos pais administrar complexas relações entre os membros da família, que se encontram em diferentes faixas etárias. Ao longo do desenvolvimento do eixo da família, a empresa é testada sobre sua capacidade de incorporar ou não seus futuros herdeiros e sucessores dentro do padrão e estilo de vida que a família empresária foi capaz de ofertar ao longo de seu desenvolvimento. As relações se tornam mais complexas.
Passagem do bastão	Período em que a primeira geração de empresários passa o poder, a autoridade e a propriedade para as segunda e terceira gerações. É nesta fase que, geralmente, ocorre a sucessão propriamente dita.

Podemos interpretar o movimento dos três círculos da seguinte forma: a família cresce em número de filhos, primos, netos, sobrinhos. Mas será que a empresa cresceu na mesma proporção para incluir todos os membros de forma que seja capaz de manter o estilo de vida da família empresária? Ao longo do desenvolvimento da família, como ficou organizada a propriedade (acionistas) da empresa? Quantos e quais os membros da família desejaram trabalhar na empresa da família? O que aconteceu com os filhos, primos, netos, entre outros, que não entraram para a empresa? Como eles ficaram em relação à propriedade? Essa análise pode ser interpretada conforme a Figura 4.7.

FIGURA 4.7: Desenvolvimento da família versus propriedade versus negócios

Agora vejamos na Figura 4.8 o que acontece com o eixo propriedade.

FIGURA 4.8: Desenvolvimento do eixo propriedade

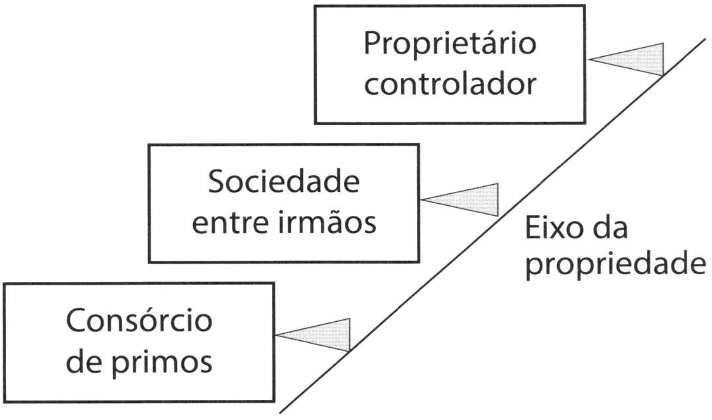

- Proprietário controlador
- Sociedade entre irmãos
- Consórcio de primos

Eixo da propriedade

Fonte: Adaptado de Gersick et al., 2017, p. 17.

Veja algumas análises de como cada elemento do eixo propriedade se desenvolve, conforme descrito no Quadro 4.4.

QUADRO **4.4: Exemplo de desenvolvimento do eixo propriedade.**

Proprietário controlador	Nesta análise, considera-se que a empresa inicia com um único proprietário, responsável pelas decisões e escolhas. Obedece a uma única orientação, a do fundador. É o momento da atuação da primeira geração.
Sociedade entre irmãos	Período em que os irmãos entram na empresa e assumem a propriedade, tendo a transferência parcial ou total do fundador, seja por uma decisão planejada ou por um falecimento. É o momento da entrada da segunda geração.
Consórcio de primos	Período que entra a terceira geração na sociedade/propriedade. Os irmãos casam e têm seus filhos, que se tornarão sócios nos negócios.

Inicialmente, a propriedade é do fundador, e muitas vezes o cônjuge é sócio juridicamente, mas não intervém na gestão da empresa, cabendo a apenas uma pessoa o comando e as decisões sobre ela. Com o passar do tempo, as discussões ocorrem em relação ao ingresso dos filhos na empresa, e é decidido em que momento eles entram ou não como acionistas. Infelizmente, essa decisão muitas vezes ocorre apenas com o falecimento do fundador e, em muitos casos, os membros da família sequer estão preparados ou interessados no negócio. Vale dizer que o ímpeto empreendedor do fundador nem sempre é identificado em seus sucessores, gerando possíveis descontinuidades em relação à propriedade. Essa análise pode ser interpretada pelos questionamentos presentes na Figura 4.9.

O Modelo dos 3 Círculos do Sistema de Empresas Familiares... 81

Figura 4.9: Desenvolvimento da propriedade versus negócios versus família

Agora vejamos na Figura 4.10 o que acontece com o eixo empresa.

Figura 4.10: Desenvolvimento do eixo empresa

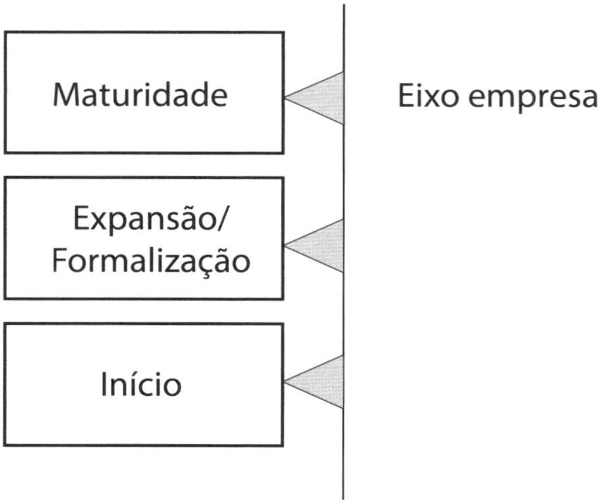

- Maturidade
- Expansão/Formalização
- Início

Eixo empresa

Fonte: Adptado de Gersick et al., 2017, p. 17.

Veja algumas análises de como cada elemento do eixo empresa se desenvolve, conforme Descrito no Quadro 4.5.

Quadro 4.5: **Exemplo de desenvolvimento do eixo empresa.**

Início	É a fase da empresa com poucos ou nenhum funcionário e elevada dedicação dos fundadores. O espírito empreendedor é elevado, e o fundador sonha com a sobrevivência, o sucesso e a continuidade do negócio no longo prazo.
Expansão/ formalização	É a fase em que a empresa se estabelece no mercado, supera as crises financeiras iniciais, define padrões de trabalho e já tem uma posição diante dos clientes.
Maturidade	É a fase em que a empresa compete no mercado e busca novos posicionamentos frente à concorrência. Nessa fase, a empresa apresenta a necessidade de uma gestão de alto desempenho para sobreviver frente aos fatores externos. A empresa necessita cada vez mais de profissionais qualificados, visto a complexidade com a qual precisa lidar.

Os exemplos apresentados servem de referência para uma análise, porém existem inúmeras variáveis em cada elemento de cada eixo que podem ser totalmente diferentes do que foi apresentado, não existindo regras e nem melhores ou piores decisões, pois, para chegar a uma análise positiva ou negativa, seria necessário entender o contexto de cada história da empresa familiar. Essa análise pode ser parcialmente interpretada considerando-se a Figura 4.11.

Figura 4.11: **Desenvolvimento dos negócios versus família versus propriedade**

Para Gersick *et al.* (2017), existem duas saídas do estágio de maturidade para uma empresa familiar: renovação e reciclagem, ou a morte da empresa. A renovação pode ocorrer com a troca de alguns membros da família na gestão da empresa ou no controle acionário. A reciclagem pode ocorrer por meio do ingresso de novos acionistas, que podem ser da família ou não, e a morte pode ocorrer pela venda da empresa, não necessariamente pelo fechamento dela. Cada história familiar e empresarial determinará as diferentes possibilidades.

Alinhamento de prioridades na empresa familiar

A partir das análises sobre o Modelo Tridimensional e os movimentos sistêmicos dos três círculos, é possível perceber que uma das variáveis transversais está relacionada à definição de prioridades dos membros da família que impactarão sobre a empresa e a propriedade. Por exemplo: em função da fase de vida do fundador, suas expectativas de investimentos de longo prazo podem ser diferentes daquelas das novas gerações. Talvez quem esteja com 70 anos ou mais, por saber que a expectativa de vida é menor, não deseje fazer tantos sacrifícios, investimentos e correr riscos em relação à terceira geração que está com apenas 20 ou 30 anos.

Como está sua família empresária em relação às expectativas e prioridades? Faça estas análises:

- ❏ O quanto a empresa deve crescer? Se ela for crescer, deverá ocorrer em que sentido? Em número de unidades de negócios, de diversificação dos segmentos?

- ❏ Qual grau de envolvimento é desejável para os familiares? A expectativa é que todos trabalhem na empresa ou fora dela? Quantos poderão trabalhar na empresa? Quais os critérios de entrada na empresa? E se não existe interesse em se envolver na empresa?

- ❏ Como está o grau de harmonia entre os membros da família? Como eles interagem fora do ambiente da empresa?

- ❏ Quais são as expectativas em relação à liquidez da empresa? Os membros precisam dos dividendos para sobreviver? O quanto deve ser retirado da empresa?

- ❏ A que grau de risco a empresa pode se expor? Todos na empresa têm a mesma compreensão e as mesmas condições para correr riscos?

- ❏ Quem é o responsável por controlar a empresa? Quem será o líder superior da empresa? Ele está preparado para assumir o comando?
- ❏ Que importância a empresa dá à responsabilidade social e à comunidade na qual está inserida?

Podemos dizer que essas reflexões apresentam algumas das variáveis que afetam as prioridades assumidas em uma empresa familiar e que seria mais oportuno que elas estivessem alinhadas entre os membros da família. Sugere-se que essas variáveis sejam estudadas em cada um dos membros da família que participam do Modelo dos 3 Círculos.

Agora é com você!

Utilize o diagrama a seguir (Figura 4.12) e solicite que os membros apontem um grau de importância às prioridade deles, indicando qual nota dariam de 1 a 5, sendo que 1 é a nota que reflete o mais baixo grau de importância para a prioridade, e 5, o mais elevado grau de importância para a prioridade.

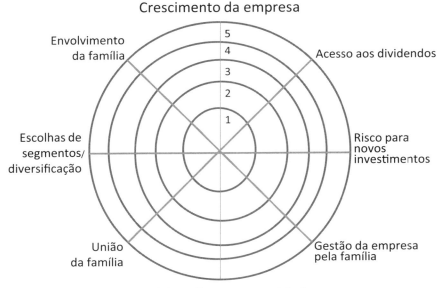

Figura 4.12: Diagrama de diagnóstico de prioridades

Para preencher o diagrama, faça a seguinte pergunta: qual grau de importância você considera prioridade para as variáveis "crescimento", "liquidez", "risco", "controle familiar", "responsabilidade social", "harmonia familiar", "escolha de segmentos/diversificação" e "envolvimento da família"? Caso não considere que essas variáveis refletem a realidade de sua família/empresa, altere para as que tiverem maior identificação com sua realidade.

Veja na Figura 4.13 um exemplo do diagrama preenchido.

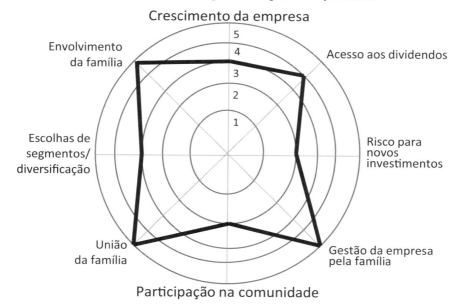

Figura 4.13: **Exemplo de diagrama de diagnóstico de prioridades**

Faça uma comparação entre os diagramas produzidos e verifique quais são os pontos convergentes e divergentes. Em seguida, analise em conjunto com os demais membros da família quais são os pontos de atenção e o que deve ser feito para alinhar as expectativas.

Lições aprendidas
- ✓ O Modelo dos 3 Círculos é a base teórica das empresas familiares, e a partir do entendimento das relações entre os círculos, é possível diagnosticar o status de uma empresa familiar e elaborar um possível planejamento de longo, médio e curto prazo.
- ✓ Compete a cada família empresária definir suas prioridades, em conjunto com os membros da família, sempre respeitando as diferenças e as possibilidades de inserção ou não nas empresas.
- ✓ Não existe um modelo padrão para ser seguido pelas empresas familiares. Cada empresa tem sua história e seus valores.

Bibliografia

GERSICK, K. E.; DAVIS, J.A, HAMPTON, M. M.; LANSBERG, I. *De geração para geração: ciclo de vida das empresas familiares*. Rio de Janeiro: Alta Books, 2017.

LODI, J. B. *Sucessão e conflito na empresa familiar.* São Paulo: Pioneira, 1987.

INSPER. Apostila de Gestão da Empresa Familiar. São Paulo: 2019.

TAGIURI, R.; DAVIS, J. *Bivalent Attributes of the Family Firm. Family Business Review*, 1996, 9: 199-208. doi:10.1111/j.1741-6248.1996.00199.x

Capítulo 5
SUCESSÃO: COMO FICA O DEPOIS?

"Aquele que for capaz de perder uma corrida sem culpar os outros pela sua derrota tem grande possibilidade de algum dia ser bem-sucedido."

Napolean Hill

Introdução

Este capítulo tem por objetivo apresentar alguns conceitos sobre o que constitui uma empresa familiar na perspectiva do processo sucessório e demonstrar que a sucessão é um processo que deve começar o mais cedo possível, de modo que favoreça a longevidade da empresa. São apresentadas algumas questões inerentes a esse processo e as fontes que resultam em conflitos, bem como algumas estratégias para compreendê-los e, consequentemente, amenizá-los. Como uma das formas de valorização da empresa familiar, é sugerido que a empresa resgate sua história para repassá-la aos membros da família, como uma estratégia para situá-los nos esforços realizados pelos fundadores. Por fim, são apresentados alguns indicadores que apontam para as empresas familiares de sucesso.

Empresa familiar e a sucessão: conceitos e conflitos

O conceito de empresa familiar é tão integrado ao processo de sucessão, que às vezes torna-se difícil falar de um sem falar do outro. Vejamos alguns exemplos dessa relação conceitual com diferentes abordagens.

Empresa familiar é:

- ❏ Aquela que **se identifica com uma família (ou mais famílias) há pelo menos duas gerações**. Para muitos, é a segunda geração que, ao assumir a propriedade e a gestão, transforma a empresa em familiar;

- ❏ Quando a **sucessão da gestão está ligada ao fator hereditário, subentendendo que os familiares assumirão a propriedade e, muitas vezes, a gestão**;

- ❏ Quando se percebe que **os valores institucionais e a cultura organizacional da empresa se identificam com os da família, muitas vezes sendo prolongados por anos/décadas**;

- ❏ Quando **a propriedade e o controle acionário estão preponderantemente nas mãos de uma ou mais famílias**.

Desconheço alguma pesquisa que demonstre de forma estatística o percentual de empreendedores (fundadores) que, ao iniciar suas atividades empresariais, não tenham sonhado com a perpetuidade do negócio que está empreendendo. Como propõem Bernhoeft e Martinez (2011), os grupos familiares que controlam as empresas empregam grandes esforços e muito tempo para manter toda a estrutura (família, empresa e propriedade) viva, rentável e unida por muito tempo.

Por viver continuamente em ambientes de empresas familiares, poderíamos afirmar que boa parte dos empreendedores desejaria que seus filhos, irmãos e demais familiares mantivessem, melhorassem e aumentassem o empreendimento. Não percebemos que os fundadores tenham interesse em dispender tanto esforço para que uma atividade empresarial seja efetivamente implementada e depois não seja mantida. Esse entendimento indica que um dos grandes sonhos deles é que sua empresa atinja o sucesso e a continuidade pelo maior tempo possível.

Infelizmente, na prática, isso não é muito o que acontece. O que sabemos é que de cada 100 empresas familiares fundadas no Brasil e no mundo, apenas 30 sobrevivem à 2ª geração, 15 sobrevivem à 3ª geração, e 4 sobrevivem à 4ª geração (HSM, 2013). Estima-se que a maioria das empresas não familiares também é vendida ou encerra suas atividades no prazo de tempo relativo a uma geração, aproximadamente 20 anos.

CURIOSIDADE

Ditados Populares sobre Sucessão
- ✓ **Brasil:** Pai rico, filho nobre, neto pobre.
- ✓ **Itália:** Dos estábulos às estrelas e de volta aos estábulos em três gerações.
- ✓ **México:** Pai comerciante, filho milionário e neto mendigo.
- ✓ **China:** A riqueza nunca se mantém até a terceira geração.

Por que isso acontece? São inúmeros os motivos, mas é possível dizer que um deles é o processo sucessório que não aconteceu de forma adequada. Entende-se por sucessão o rito de transferência do poder e do capital entre a atual geração dirigente e a que liderará em seguida. A sucessão é um processo, ou pelo menos deveria ser, porém, muitas vezes ela ocorre em função de um fato grave, como a morte ou uma doença do fundador, colocando a família, a empresa e o patrimônio em uma posição delicada e sem preparo para lidar com toda a complexidade da situação.

Por que se fala tão pouco sobre o processo sucessório nas empresas familiares? Porque os fundadores acham que é um momento distante, pela dificuldade no desapego, pela sensação de ser um super herói (o insubstituível), porque sabe que será uma fonte de conflitos e porque, para muitos, significa a própria morte.

Então, em que momento uma família empresária deve iniciar a discussão sobre a sucessão? Desde o começo, pois nunca é cedo para abordar tal assunto. O melhor é que a discussão deve ser iniciada com a participação do fundador, visto que, naturalmente, ele tem a autoridade legal e moral decorrente de todo o esforço que teve para que o negócio atingisse o sucesso.

Falar de sucessão pode gerar diferentes tipos de conflitos, pois lida com questionamentos complexos, tais como:

- ❒ **Quando acontecerá?** Em que momento deverá ser realizada a sucessão?
- ❒ **Quem ficará encarregado?** Quais são as pessoas que tomarão as decisões sobre o processo de sucessão? Quem será o responsável por decidir?
- ❒ **Como ocorrerá?** Será constituído um comitê? Uma empresa externa deverá ser contratada para mediar as necessidades e os conflitos? Será realizado benchmarking com outras empresas familiares? Quais são as referências que devem ser utilizadas e que estejam em conformidade com os valores da empresa?

- **Quem pode ou não pode fazer parte da empresa?** Quais os membros que devem e não devem fazer parte da empresa? Os critérios de escolha dos membros estão claros para todos?

- **Qual é o limite para a admissão de membros da família na empresa?** Quantos membros da família a empresa suporta? Quais são as regras para que entrem na empresa, ou até mesmo se devem entrar?

- **Como se determina a autoridade?** Quem ficará com a autoridade maior para os processos decisórios? Quem tem as competências necessárias para essa autoridade? Quais são as competências necessárias?

- **Que preparação é necessária?** Que trajetória de formação e experiência profissional é requerida para o sucessor e para que os membros da família ingressem na empresa? Necessitam ter experiências fora do mercado em que atuam? Precisam passar por outras empresas que não seja da família?

- **E se todos os cuidados foram tomados e não funcionar?** O que fazer? Qual será o destino da empresa? O que será feito com a propriedade?

Estima-se que, no Brasil, 70% das empresas familiares desaparecem por causa de conflitos familiares não resolvidos. No nível mundial, esse índice é de aproximadamente 65%. Para Lodi (1986, p. 21), "a transferência de poder, geralmente, é conduzida em períodos de três a cinco anos e preparada ao longo de uma geração", sendo que os "pais dispõem sobre a educação dos filhos e sobre a harmonia familiar". A sucessão familiar pode ser entendida como um processo ao longo de toda a história da própria família, tendo influência direta sobre a educação dos filhos.

Como informado nas premissas deste livro, não existe receita. Observe que, em cada grupo de questionamentos apresentado, existem inúmeros aspectos de fontes de conflitos conforme alguns exemplos mostrados no Quadro 5.1 a seguir.

Quadro 5.1: Diferentes fontes de conflitos no processo sucessório

QUESTÃO A SER RESOLVIDA	CONFLITO RECORRENTE
Quando acontecerá?	• Acontecerá quando o fundador falecer ou adoecer. Não há outro indivíduo preparado. • Fazer a sucessão em vida é complicado, pois pode parecer que se deseja que o fundador saia da empresa. **Comentário recorrente:** "Se meu pai/mãe para de trabalhar, ele (ela) morre. A vida dele (dela) é a empresa."
Quem ficará encarregado?	• Por que fulano, e não eu, ficará como responsável por decidir? **Comentário recorrente:** "Não concordo com a linha de pensamento de fulano. Não vai dar certo."
Como ocorrerá?	• A decisão de como ocorrerá o processo em relação à estrutura de apoio para que a sucessão aconteça pode até não ser um momento de conflito, porém, se não for uma boa escolha, poderá gerar conflitos futuros e será considerado uma referência para todo o trabalho. • Essa é uma decisão estrutural, de "infraestrutura" do processo. **Comentário recorrente:** "Se tivéssemos estruturado outro tipo de comitê, não teríamos esse problema. Comentei desde o primeiro momento que essa não era uma boa escolha."
Quem pode ou não pode fazer parte da empresa?	• São poucos os empresários que definem de forma objetiva quem pode ou não fazer parte das atividades da empresa. Em algumas famílias, as mulheres são excluídas das atividades da empresa e são orientadas profissionalmente a buscar uma carreira fora. Nesta análise, também é importante considerar que alguns membros da família sequer têm interesse em participar do negócio. **Comentário recorrente:** "Nunca fui estimulada a trabalhar na empresa, somente meus irmãos. Nem sequer conheço o negócio. Não vejo como contribuir."
Qual é o limite para a admissão de membros da família na empresa?	• A empresa, quando foi concebida, previa um núcleo familiar. A família cresceu mais rápido que a empresa, que não tem condições de suportar a entrada de todos muito menos de ofertar as mesmas condições para todos, confrontando um dos pilares dos valores dos pais: os filhos têm os mesmos direitos. **Comentário recorrente:** "Para manter meu padrão e estilo de vida, preciso ter uma remuneração igual à do(a) meu pai(mãe)."

QUESTÃO A SER RESOLVIDA	CONFLITO RECORRENTE
Como se determina a autoridade?	• A não aceitação à subordinação de outro membro familiar é um dos desafios a ser vencido. Tal fato recorre a questões e conflitos familiares que antecedem ou que estão fora do escopo da empresa, mas que aparecem de forma conflitante com os interesses da empresa. **Comentário recorrente:** "Não concordo com fulano ficar com a autoridade para as decisões finais. Ele(a) as direcionará para seus interesses pessoais."
Que preparação é necessária?	• A formação acadêmica é considerada um tabu para algumas empresas, visto que nem todas as famílias estimulam seus filhos/familiares para segui-la. Alguns consideram que a prática do "saber fazer/aprender fazendo" é suficiente e mais importante que a formação acadêmica. Não consideram que ambas são complementares. **Comentário recorrente:** "Não gosto de saber que o fulano ocupará o cargo só porque estudou, sendo que eu é que tenho a prática e estou na empresa há mais tempo."
E se todos os cuidados foram tomados e, mesmo assim, não funcionar?	• Todas as empresas, inclusive as que não são familiares, correm o risco de não dar certo. Esse risco faz parte do mundo dos negócios. **Comentário recorrente:** "O que fazer? Vender a empresa? Conseguir um sócio?"

Além das questões apontadas, sugere-se verificar:

❐ Há familiares da próxima geração que **NÃO** demonstram interesse em participar da gestão da empresa?

❐ Quais serão as providências com quem **NÃO** tem interesse em participar da gestão da empresa?

❐ Quais são os interesses dos membros da família que **NÃO** demonstram interesse em participar?

❐ Como será possível ajudar esses membros da família em seus projetos?

Expectativas e aspirações nas relações entre pais e filhos (as) nas empresas familiares

Nas empresas familiares, as expectativas rondam as relações entre pais e filhos que nem sempre estão em concordância e nem sempre estão no âmbito da consciência. Algumas expectativas não são expressadas, e outras são mal expressadas, gerando algumas discordâncias nas relações. É possível demonstrar essas expectativas em quatro agrupamentos:

- **Aspirações do(a) pai/mãe (fundador) com relação a si mesmo:** É comum que a autopercepção seja baseada na autoimagem heroica. O(a) fundador(a), por ter vencido vários obstáculos, momentos difíceis, ter trabalhado muito e superado esses momentos, considera-se como um super-herói e não percebe que todos temos fragilidades e não somos eternos.

    Nesse tipo de contexto, é comum o super-herói não perceber o valor do outro, o que é agravado quando o outro é um(a) filho(a), conforme ilustrado na Figura 5.1. A relação de superioridade tende a regra, prevalecendo a autoridade paterna/materna.

FIGURA 5.1: **A superioridade**

- **Aspirações do(a) pai/mãe (fundador) com relação ao filho(a):** Isso é baseado nas expectativas dos pais em relação ao que o filho deve fazer, escolher e ser. Em algumas famílias, os pais gostam de "ditar" a carreira dos filhos, interferindo diretamente em suas escolhas. Quando a figura patriarcal é muito forte e impõe e cria modelos, a submissão é forte, podendo gerar conflitos ou adiamentos para a resolução de tais problemas, enquanto em outras famílias os pais não interferem, deixando os filhos livres diante do que desejam.

  Criar expectativa em relação aos filhos pode não ter bons resultados se eles não desejarem seguir a carreira dos pais e, consequentemente, não tiverem interesse em trabalhar na empresa familiar. Também pode acontecer de o filho até querer, mas, na prática, não corresponder aos anseios dos pais. Caso haja convergência entre pais e filhos, as questões das empresas familiares podem fluir mais tranquilamente. Caso não, podem existir os conflitos.

- **Aspirações do(a) filho(a) com relação a si mesmo:** O(a) filho(a) pode ter um sonho próprio que independe da história de vida de seus pais; pode ter ambições inerentes aos seus desejos pessoais. Também pode ocorrer de os filhos acreditarem que seus pais só tomam decisões erradas, considerando que são melhores e mais preparados, gerando uma disputa de vaidades.

- **Aspirações do filho com relação ao próprio pai:** O(a) filho(a) pode ver seus pais como pessoas superiores e considerar que não terá a mesma dedicação, empenho e resultados que eles, colocando-se em uma posição de subordinação e inferioridade. O(a) filho(a) pode não se sentir inspiração pela vida que os pais têm ou tiveram e desejar construir suas próprias trajetórias.

  Ao longo da história da empresa familiar, principalmente no caso das empresas iniciantes, sabe-se que o esforço e a dedicação são grandes para que os negócios sejam mantidos. Nessa fase de gerar a empresa e fazê-la crescer, é provável que os fundadores cheguem exaustos em casa e desabafem o peso da responsabilidade do empreendimento. Esse manifesto por parte dos fundadores pode levar aos filhos o entendimento do quanto é negativo tamanho esforço, fazendo com que eles não desenvolvam interesse nos negócios da família.

Observe que, para cada análise apresentada, existem inúmeras possibilidades positivas e negativas. Esses exemplos e reflexões servem para demonstrar a complexidade das relações familiares no processo de sucessão. Reforçando que não é possível prever todas as situações e, muito menos, as soluções para cada problema, visto que as variáveis que rondam uma empresa familiar são intangíveis e variam de acordo com a história de cada família e empresa.

Para representar de modo lúdico e poético essa relação entre pais e filhos, podemos usar a poesia de Khalil Gibran, que nos faz refletir sobre como podemos perceber tal relação.

> Teus filhos não são teus filhos.
>
> São filhos e filhas da vida, anelando por si própria.
> Vêm através de ti, mas não de ti.
>
> E embora estejam contigo, a ti não pertencem.
>
> Podes dar-lhes amor, mas não teus pensamentos,
> Pois que eles têm seus pensamentos próprios.
>
> Podes abrigar seus corpos, mas não suas almas.
>
> Pois que suas almas residem na casa do amanhã,
>
> Que não podes visitar sequer em sonhos.
>
> Podes esforçar-te por te parecer com eles, mas não procureis fazê-los semelhante a ti.
>
> Pois a vida não recua, não se retarda no ontem.
> Tú és o arco do qual teus filhos, como flechas vivas, são disparados...
>
> Que a tua inclinação na mão do Arqueiro seja para a alegria.

Para trazer no âmbito da consciência as expectativas entre os membros de uma família empresária, uma estratégia a ser estimulada é a elaboração de uma carta, ou seja, passar por escrito o que um membro gostaria de repassar para outro. Às vezes, escrever é mais fácil do que falar. Escreva o sentimento que tem em relação ao outro e as expectativas e aspirações que gostaria que fossem atendidas. Entregar uma carta pode ter ótimos resultados! Pratique isso e desfrute os resultados.

Figura 5.2: Carta: uma opção para expressar sentimentos

A estratégia do uso da carta pode ser feita a qualquer momento e quantas vezes forem necessárias ao longo de todo o processo de sucessão familiar. E não apenas durante a sucessão, mas sempre que se considerar a existência de dificuldades na comunicação entre duas ou mais pessoas.

Diferentes histórias de sucesso no processo sucessório de empresas brasileiras e outras milenares

No Brasil, temos exemplos de grandes empresas que se destacam pelo processo de sucessão bem-estruturado e que têm, até o momento, ótimos resultados, obtidos com diferentes estratégias, conforme relatado por Bernhoeft e Martinez (2011). Dentre esses grupos, esses autores citam:

Ypióca: a cachaça do Nordeste brasileiro

- ❒ **Início das atividades**: Em 1846, pelo imigrante Dario Telles, com produção inicial de 30 litros de cachaça por dia na cidade de Maranguape, no Ceará. O fundador ficou à frente da administração por 52 anos e passou o "bastão" ainda em vida, aos 69 anos.

- ❏ **Sucessão**: A segunda geração iniciou a participação em 1895, permanecendo até 1924, sendo comandada pelo filho mais velho. Em 1924, iniciou-se a terceira geração, ficando por 46 anos. Em 1940, iniciou-se a quarta geração e, em 1990, foi iniciada a quinta geração, sendo que a Ypióca passou a ser uma sociedade anônima de capital fechado.

- ❏ **Expansão**: Foi na terceira geração que a Ypióca investiu em inovadores conceitos de marketing, fazendo-a decolar como uma bebida mais refinada, sem o ranço de uma bebida popular. Também foi nesse momento que se deu início à diversificação, por meio da distribuição de lenha, plantio de arroz, feijão, milho e criação de gado.

- ❏ **Inovações introduzidas:** Adoção do conta-gotas nas garrafas de cachaça, como as garrafas de uísque; em 2000, iniciou-se o processo de fabricação de cachaça orgânica; e antes, em 1968, iniciou-se a exportação, atingindo mais de 40 países.

- ❏ **Segredo da longevidade da companhia:** Manutenção dos ideais dos fundadores, conforme dito por Aline Telles, uma das herdeiras. Everardo Telles, que comandou a quarta geração, complementa que no DNA da família Ypióca é baseado na disciplina e determinação, constituindo uma filosofia de vida.

Cedro Cachoeira: tecelagem mineira que acompanha a história brasileira

- ❏ **Início das atividades**: Começou com três filhos de Antônio Mascarenhas (em 1884, quando faleceu, era considerado um dos homens mais ricos de Minas Gerais) em 1883 com a fusão da Cedro e da Cachoeira como forma de enfrentar a concorrência no setor têxtil.

- ❏ **Sucessão:** Chegou à quinta geração após passar pela abolição da escravatura, proclamação da República e pelas duas grandes guerras mundiais.

- ❏ **Expansão**: Em 1873, foi aberta a Cacheira em Juiz de Fora, focada na fabricação de tecidos mais finos, enquanto a Cedro focava tecidos populares e era sediada em Taboleiro Grande (MG). Dessa forma, as duas fábricas não faziam concorrência entre si, mas mantinham suas histórias separadamente. Ao longo de sua história, foram traçados vários planos de diversificação, porém o foco do negócio foi mantido na indústria têxtil.

- **Inovações introduzidas:** A fusão da Cedro com a Cachoeira gerou a Companhia de Fiação Cedro Cachoeira, tendo como "acordo de acionista" o peso do voto equivalente entre todos os membros com mais de 5% do capital. Tal prática é conhecida hoje como "Golden Share". Apesar de não existir na época o termo governança corporativa, a empresa já alinhava suas atividades com base nos princípios, posteriormente conhecidos como governança.

- **Segredo da longevidade da companhia:** Administração baseada em um instrumento de gestão: o "acordo de acionistas". No início, foi constituída uma assembleia de acionistas que elegia uma diretoria que tinha mandato de três anos, renováveis por mais três. Ao longo de sua história, houve inúmeros conflitos emocionais envolvendo a família. Sete famílias compõem o grupo que detém o controle acionário e com participação ativa no Conselho de Administração, e desde 1988, a companhia é gerida por um acordo acionista assinado por mais de 200 pessoas.

SulAmérica: a história dos seguros no Brasil

- **Início das atividades**: A SulAmérica Companhia Nacional de Seguros sobre a Vida nasceu em 1895, no Rio de Janeiro. Seu fundador foi o espanhol Joaquín Schancez de Larragoitti.

- **Sucessão**: A primeira sucessão ocorreu com o genro, e nas gerações seguintes ocorreu entre pai e filho. Na década de 1980, teve a primeira mulher no comando do Conselho de Administração, assumido por Beatriz Sanchez Larragoiti Lucas.

- **Expansão**: Desde o início de sua operação, o fundador já trabalhava com a empresa com foco multinacional, abrindo várias filiais no exterior. Diversificou seus negócios em 1920 com a revista *SulAmérica*. Em 1945, apoiou iniciativas na área de artes.

- **Inovações introduzidas:** Lançamento de seguros populares e seguros com cláusula de invalidez; novas técnicas de vendas que "tiravam a esposa" da jogada, pois as brasileiras consideravam que a compra de seguros atraía coisas ruins; criou clubes de eventos e reuniões entre os funcionários; lançou a primeira empresa de capitalização do Brasil, assim como um banco hipotecário; construiu o Hospital

Larragoiti, no Rio de Janeiro (hoje é chamado Hospital da Lagoa e pertence ao Governo Federal); lançou a primeira rádio com cobertura de trânsito 24 horas — a SulAmérica Trânsito, em São Paulo.

❏ **Segredo da longevidade da companhia:** Espírito empreendedor do fundador; profissionalização da gestão, contratar executivos de fora da família.

As histórias de outras empresas familiares servem de inspiração, levando a soluções que se ajustam às diferentes realidades.

Além dessas organizações brasileiras de sucesso, Saad e Ricca (2012) listam algumas empresas que superaram em muitas gerações a sucessão familiar. Algumas chegam a ultrapassar mais de 40 gerações, conforme listado no Quadro 5.2.

Quadro 5.2: **Empresas familiares milenares**

Empresa/Localidade	Atividade	Fundação	Geração em que se encontra/ curiosidades
Kongo Gumi — Japão	Construção	578	40ª geração
Houshi Ryokan — Japão	Hospedagem	718	46ª geração
Château de Goulaine — França	Vinhedo, museu e coleção de borboletas	1000	No castelo são realizados eventos, casamentos e a venda dos vinhos.
Fonderia Pontificia Marinelli — Itália	Fundição	1000	Emprega vinte pessoas, entre elas, cinco membros da família
Barone Ricasoli — Itália	Vinhos e azeite de oliva	1141	A propriedade tem mais de 14 Km²
Barovier & Toso — Itália	Vidros	1295	20ª geração
Hotel Pilgrim Haus — Alemanha	Hotelaria	1304	Situado a 180km ao norte de Frankfurt, na cidade de Soest
Richard de Bas — França	Papel	1326	Já forneceu papéis de edições limitadas a Braque e Picasso
Torrini Firenze — Itália	Ourivesaria	1369	Tem um processo secreto e exclusivo de manufatura do "oro nativo" que preserva a cor mais natural do ouro
Antinori — Itália	Vinícola	1385	26ª geração. A empresa é situada em um palácio de Florença

Empresa/Localidade	Atividade	Fundação	Geração em que se encontra/ curiosidades
Camuffo – Itália	Construção naval	1438	18ª geração. Também conhec da como "Stradivarius dos mares"
Baronnie de Coussergues – França	Vinícola	1494	16ª geração. A família vende 1,5 milhão de garrafas de vinho por ano e já ganhou várias medalhas de ouro
Grazia Deruta – Itália	Cerâmica	1500	Produz majolica, uma cerâmica especial do século XIII
Fabbrica D'Armi Pietro Baretta – Itália	Armas de fogo	1526	14ª geração. Suas armas aparecem em vários filmes de Hollywoord
William Pryn GmbH&Co. – Alemanha	Cobre, latão, armarinho	1530	Situada em Stolberg, Alemanh a
John Brooke & Sons – Inglaterra	Tecelagem	1541	15ª geração. Conta com um parque de desenvolvimento de empreendedorismo nas antigas instalações da fábrica
Codorniu – Espanha	Vinícola	1551	A propriedade é visitada por 200 mil pessoas anualmente e vende em torno de 60 milhões de garrafas de vinho ao ano
Fonjallaz – Suíça	Vinícola	1552	13ª geração.
DeVergulde Hand – Holanda	Fábrica de sabão	1554	Nada informado
Von Poschinger Manufaktur – Alemanha	Vidros	1568	13ª geração. Diversificou para a agricultura e atividades florestais, mas mantém o foco principal no vidro
Wachsendustrie Fulda Adam Gies – Alemanha	Velas e figuras de cera	1589	Nada informado
Berenberg Bank – Alemanha	Bancária	1590	É um dos poucos bancos independentes na Alemanha
R. Durtnell & Sons – Inglaterra	Construção	1591	12ª geração. Fazem parte de seus projetos a residência de Winston Churchill e o Palácio de Buckingham
J.P. Epping of Pippsvadr – Alemanha	Secos e molhados	1595	Nada informado

Empresa/Localidade	Atividade	Fundação	Geração em que se encontra/ curiosidades
Eduard Meier — Alemanha	Calçados	1596	13ª geração. Sua linha de produtos tem em torno de 4.500 itens
Toraya — Japão	Confeitaria	Antes de 1600	17ª geração
Tissiman & Sons Ltda. — Inglaterra	Alfaiataria e enxovais	1601	Nada informado
Enshu Sado School — Japão	Escola para a cerimônia do chá	1602	13ª geração
Takenaka — Japão	Construção	1600	Ganhou muitos prêmios de design, técnica e qualidade
Mellerio dits Meller — França	Joalheria	1613	15ª geração. É responsável pelo design e pela criação dos troféus do campeonato de tênis de Roland Garros
Cartiera Mantovana Corp. — Itália	Papel	1615	Sediada em Mântua, na Itália

O que torna essa lista de empresas interessante vai além do tempo de existência de cada uma. Muitas delas não se tornaram grandes empresas, o que demonstra que, mesmo uma empresa sendo de pequeno porte, ela pode ter longevidade.

Características comuns das empresas familiares com longevidade: resgate da história da empresa familiar

As empresas que atingem a longevidade têm uma característica comum: dão importância às histórias das famílias empresárias e das narrativas das escolhas que foram feitas ao longo do percurso. Tal conduta ajuda na formação da autoestima e na capacidade de aprendizado dos filhos e de enfretamento dos problemas. As histórias com situações tristes ou difíceis dão às crianças a visão sobre do que precisam para atingir a realização e o sucesso. É importante conhecer a história de superação de desafios dos membros da família de uma empresa familiar, pois os empreendedores encontram nessas práticas inspiração para dar continuidade ao legado e, dessa forma, encaminhar o processo de sucessão de forma mais compromissada (Barros, 2015).

Diante das histórias das empresas familiares, quais são os principais momentos do percurso da história de vida de sua empresa? Propomos neste livro que você elabore essa história de forma estruturada e que ela possa ser contada ao longo da vida da família empresária como uma maneira de perpetuar os valores da família, podendo aperfeiçoá-la no percurso do tempo, de modo que isso aconteça conscientemente.

Para organizar a história da empresa de sua família, estruturamos um CANVAS (Figura 5.3), denominado Reconstrução da História da Empresa Familiar, que deverá ser preenchido com as pessoas que fizeram parte do início de todo o processo da criação da empresa (se é que essas pessoas ainda estão na empresa), por meio de entrevistas, em uma situação cordial e em que prevaleça a abertura do diálogo. Caso os fundadores não estejam mais na empresa, levante informações em registros familiares, como fotos, diários, cartas e outros documentos que julgar importantes.

O CANVAS Reconstrução da História da Empresa Familiar usa como referência a técnica de formulação de histórias conhecida como *storytelling* e tem por objetivos: resgatar a história da empresa/família empresária; identificar os valores fundamentais da família; identificar os momentos iniciais de alavancagem e como a família empresária pensou a expansão.

O preenchimento deve ser norteado pelas temáticas propostas. Ao final, ele deve estar preenchido para que possa estruturar a história da empresa familiar e ser verificado como as interfaces família e empresa aconteceram. Veja na Figura 5.4 um exemplo (de um CANVAS Reconstrução da História da Empresa Familiar preenchido e as análises que podem ser percebidas.

A interpretação desse CANVAS pode ser obtida com a seguinte análise:

A empresa foi iniciada a partir de um sonho de Miguel Arruda, que desejava a independência financeira e deixar de trabalhar como empregado. Miguel acumulou recursos financeiros.

O pai apoiou fornecendo um terreno para a construção da loja, mas com a condição de que Miguel incluísse o irmão menor de idade como sócio na proporção de 50% para cada um dos dois. O pai não desejou ser sócio no empreendimento.

Durante três anos, Miguel trabalhou simultaneamente em dois lugares: no emprego e em sua própria empresa. Quando o negócio expandiu e proporcionou uma oportunicade real e mais segura, ele saiu do emprego e passou a se dedicar exclusivamente ao negócio próprio. O fato de Miguel ter tido a ideia e ter sido o provedor dos recursos financeiros e de o irmão ter entrado com o trabalho gerou, desde do início, uma relação de subordinação do irmão em relação a ele, principalmente quando o pai faleceu. Essa relação de autoridade do irmão mais velho em relação ao mais novo ocasionou uma série de conflitos interpessoais, a ponto de ser necessária uma expansão nos negócios para que cada um dos sócios trabalhasse em empresas diferentes, visando o contato nas atividades do cotidiano.

Baseado nessa ficção, é possível dizer que os valores percebidos nessa história são: ação por segurança (somente após a percepção de que o negócio era viável na prática e de já estar funcionando é que Miguel saiu do emprego), foco (a partir de uma identificação de carência ro mercado é que foi escolhido o segmento do negócio), união (é percebido no discurso que a empresa conta com o apoio dos funcionários) e respeito à autoridade (Miguel respeita a orientação do pai, e o irmão aceita a autoridade de Miguel).

FIGURA 5.3: CANVAS – Reconstrução da História da Empresa Familiar

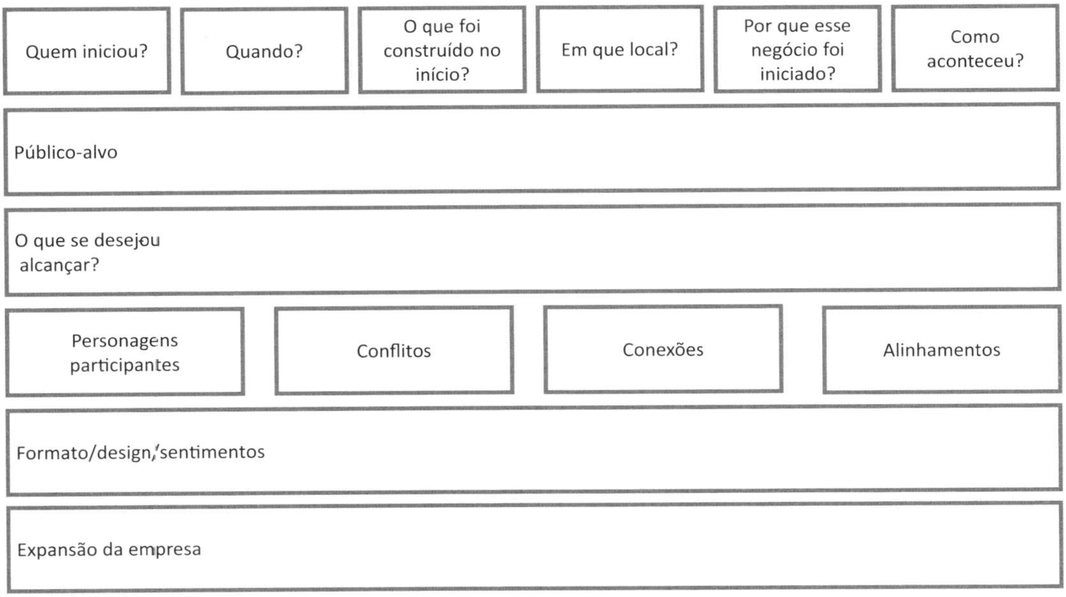

Quem iniciou?	Quando?	O que foi construído no início?	Em que local?	Por que esse negócio foi iniciado?	Como aconteceu?

Público-alvo

O que se desejou alcançar?

Personagens participantes	Conflitos	Conexões	Alinhamentos

Formato/design/sentimentos

Expansão da empresa

FIGURA 5.4: CANVAS – Reconstrução da História da Empresa Familiar

Quem iniciou o sonho?	Quando?	O que foi construído no início?	Em que local?	Por que esse negócio foi iniciado?	Origem do recurso financeiro
Adilson Ferreira	1997	Construção da loja no terreno do pai	Centro de Paraibuna	Adilson desejava sair da condição de empregado de indústria de vidros automotivos para ser empresário	Salários poupados por Adilson

Como aconteceu?

A ideia inicial de Adilson era ingressar no ramo de transporte de areia, mas o pai interviu, pois considerava ser um negócio de risco, visto que os caminhões seriam comandados por motoristas contratados, sendo difícil o controle sobre estes. Adilson repensou e, por já ter feito pesquisas nas cidades vizinhas, identificou que o mercado de material de construção era pouco explorado na sua cidade. O pai, validando a ideia, ofertou um terreno para a construção de uma loja, desde que Adilson colocasse o irmão como sócio no depósito. Inicialmente, somente o irmão trabalhava no balcão da loja, enquanto Adilson apoiava na gestão e injeção de recursos financeiros obtidos do emprego que tinha. O pai de Adilson faleceu antes da abertura da loja. Após três anos de abertura da loja, em função do crescimento, Adilson pediu demissão do emprego e passou a se dedicar apenas ao seu negócio.

O que desejou-se alcançar a longo prazo?

O grande sonho inicial foi ter autonomia financeira para não depender de emprego e ter a liberdade das tomadas de decisões.

Personagens participantes	Conflitos iniciais	Conexões	Alinhamentos
Adilson, pai e irmão	Imaturidade na gestão gerando conflitos internos	União entre os funcionários e os proprietários.	Grande força de vontade para dar certo entre os funcionários e os proprietários

Sentimentos

No início, o maior sonho era fazer o negócio dar certo. Não tinha a preocupação de curto prazo para retiradas significativas.

Em que momento ocorreu a expansão da empresa?

No momento em que se iniciaram os conflitos entre os sócios em função das divergências dos comportamentos pessoais sobre como comandar a empresa. Entendeu-se que a diversificação de negócios poderia direcionar o tempo e a atenção a outros negócios e diminuir os conflitos. O irmão segue para o varejo no ramo da agropecuária.

Após coletar a informações sobre a história da empresa familiar, sugere-se que seja estruturado um painel com fotos, frases e fatos que marquem os principais momentos da empresa. Se possível, também devem ser localizadas ferramentas, máquinas, móveis ou outros objetos que representem a história da empresa. Em seguida, esses itens devem ser organizados em um ambiente que possa ser entendido como o museu da empresa. Esse tipo de organização de informações, objetos e fotos valoriza o esforço dos fundadores e engrandece os membros da família em relação à empresa. Essa pode ser uma das estratégias positivas que as famílias empresárias podem implementar para favorecer o sucesso de suas empresas no longo prazo.

Agora é com você

Identifique na história de sua empresa o legado que ela quer deixar. Muitas vezes, esse legado é passado do fundador para seus futuros sucessores. Utilize o modelo do CANVAS Reconstrução da História da Empresa Familiar e resgate a história de sucesso de sua empresa familiar.

Práticas de sucesso para as empresas familiares

Tendo como referência os apontamentos de Bernhoeft e Martinez (2011), sugerem-se algumas práticas para as empresas familiares de forma que favoreçam sua longevidade.

- A identificação de princípios, crenças, ideologias, rituais e orientações que conduzam os familiares ao longo de sua história, conforme mencionado anteriormente;

- Definição de um código de condutas, também conhecido como acordo de sócios ou acionistas, que tem por objetivo regular as questões individuais e coletivas em relação à empresa, considerando o que se recebe e o que deve ser oferecido. Essa temática será detalhada no Capítulo 6, que trata sobre a governança;

- Constituição do Conselho de Família, que tem por objetivo realizar reuniões de integração entre os membros da família, seja com participação ou não na empresa, bem como a promoção de eventos e encontros entre familiares visando a integração das novas gerações. Essa temática será detalhada no Capítulo 6;

- Registro da história da família visando resgatar o esforço e o empenho dos fundadores, favorecendo a valorização da família, conforme comentado no tópico anterior;

- Apoio na busca de oportunidades fora da empresa, visto que não é possível incluir todos os membros na empresa e nem todos os membros desejam ingressar na organização. Essa estratégia pode ser facilitada por meio da diversificação do segmento da empresa e da criação de ações com foco na responsabilidade social;

- Definição clara da distribuição dos dividendos da empresa, de forma que não prejudique os interesses desta, e respeitando sua capacidade de liquidez e de investimentos;

- Resolução de conflitos e divergências familiares tratados de forma direta, a fim de evitar que os problemas permaneçam ou se agravem. Quando necessário, profissionais externos são contratados para intermediar as relações;

- Definição clara dos critérios para que se aceitem membros familiares nas empresas, bem como a não existência de remunerações diferenciadas desses membros em relação aos demais funcionários. Os salários praticados devem ser os mesmos dos demais funcionários e baseados nos valores praticados no mercado. Nesse quesito, é importante também mencionar que não devem ser concedidos privilégios adicionais para os membros familiares, para que não se gere desconforto perante os demais funcionários da empresa;

- Entendimento da diversidade cultural de novos membros da família oriundos dos novos núcleos familiares. A cada novo casamento, novos membros são acrescidos à família, constituindo novos núcleos familiares que se somam, e não apenas em quantidade, pois são inseridos novos valores, condutas culturais e comportamentais;

- Disponibilização de sistemas de informações para os sócios e familiares, visando promover a transparência nas relações e transações. Os sócios da empresa têm o direito a informações sobre o desempenho da empresa, seja em relação aos aspectos financeiros ou de mercado, entre outros que se façam necessários;

- Avaliação sistemática do desempenho dos gestores para que o conselho possa avaliar adequadamente os resultados planejados e como está o desenvolvimento dos trabalhos;

- Definição de um plano de sucessão prevendo a forma de ingresso dos membros da família e a composição societária;
- Formação de sucessores para desempenhar o papel na gestão (quando for o caso) e o de acionistas. É sugerido que, sempre que possível, se tenha uma gestão mista, com profissionais externos à família. Esses profissionais devem estar preparados para conviver no clima da empresa familiar e terão o papel primordial de intermediar conflitos e interesses em prol da empresa;
- Profissionalização da gestão considerando todos os fatores elencados anteriormente, lembrando que a profissionalização nesse tipo de organização vai além de uma boa formação acadêmica, sendo necessária também uma boa formação pessoal;
- Capitalização para preservar o controle acionário, principalmente em relação à terceira geração, que deve estar preparada para realizar novos investimentos ou compra de ações dos membros que desejam sair do controle da propriedade;
- Definição clara do uso das propriedades comuns. É necessário estabelecer como será o uso das propriedades de lazer. Entretanto, sugere-se que cada núcleo familiar tenha suas propriedades particulares e cada um cuide da sua conforme considerar melhor.
- Estruturação de um sistema de governança compatível com a cultura da empresa familiar e de forma que favoreça a sustentabilidade da organização no longo prazo.

Agora é com você!!
Que tal começar um plano de sucessão a partir das propostas sugeridas anteriormente?

Lodi (1987) elaborou uma pirâmide que retrata as etapas do desenvolvimento dos sucessores que pode ser utilizada como uma orientação para o planejamento sucessório da empresa. Perceba que a sucessão é claramente definida como um processo nessa pirâmide (Figura 5.5), sendo que as ações começam no estágio inicial da vida, com o processo educacional na família e no ambiente acadêmico, seguido do momento de desenvolvimento profissional no mercado de trabalho, até que, por fim, se dá o ingresso do membro da família na sociedade da empresa familiar.

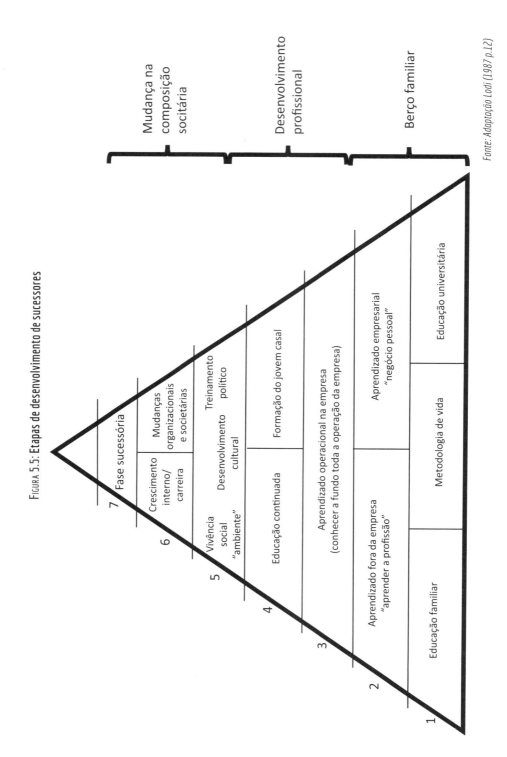

FIGURA 5.5: Etapas de desenvolvimento de sucessores

Fonte: Adaptação Lodi (1987 p.12)

Com base em tudo que foi apresentado, o passo seguinte para o sucesso da empresa familiar é a constituição e o monitoramento de um plano de ação, constituir uma governança para fazer a gestão deste plano. Veja no Capítulo 6 algumas estratégias que podem ser implementadas.

Lições aprendidas

- ✓ Sucessão é um processo que está em constante estado de movimento. Depende dos membros que entram, que saem e que permanecem, sempre os relacionando às fases de suas vidas (empresa, família e indivíduo).
- ✓ Considere o legado da família e rediscuta-o, atualize-o continuamente. Essa é uma estratégia que aumenta o vínculo entre os familiares e a empresa.
- ✓ Para cada estágio de desenvolvimento da empresa, da família e da propriedade, ocorrerão desafios diferentes (estratégicos, familiares, psicológicos, financeiros). Prepare-se para os diferentes momentos.
- ✓ Identifique e trate ativamente os principais desafios de sucessão o quanto antes. Trate os conflitos rápida e diretamente antes que eles se tornem mais complexos.
- ✓ Concentre-se em valores-chave para uma transição de sucesso.
- ✓ Defina um plano de ação e analise-o constantemente.

Bibliografia

BARROS, F. *Renato Bernhoeft – A reinvenção da consultoria para empresas familiares*. São Paulo: Évora, 2015.

BERNHIEFT, R.; MARTINEZ, C. *Empresas brasileiras centenárias. A história de sucesso de empresas familiares*. Rio de Janeiro: Agir, 2011.

LODI, J. B. *Sucessão e conflito na empresa familiar*. São Paulo: Pioneira, 1987.

RICCA, D.; SAAD, S. *Governança corporativa nas empresas familiares: Sucessão e profissionalização*. São Paulo: CLA Editora, 2012.

Capítulo 6
GOVERNANÇA: ACORDOS E ESTRUTURAS PARA AS EMPRESAS FAMILIARES

"Atingir um objetivo que você não tem é tão difícil quanto voltar de um lugar para aonde você nunca foi."

Zig Ziglar

Introdução

A proposta deste capítulo é desmistificar a ideia de que o processo de implementação de um sistema de governança cabe apenas às grandes empresas. Promover a governança nas empresas de pequeno e médio porte não apenas é possível, mas essencial para que a empresa estabeleça um sistema racional de controle e ações que permita a definição de estratégias de manutenção e aumento da longevidade. O leitor conhecerá formas de estabelecer a governança por meio de técnicas e ferramentas simples, mas poderosas, que podem apoiar no sucesso de longo prazo da integração de família, empresa e propriedade.

Origem da necessidade de um sistema de governança nas empresas familiares

Antes de conceituarmos o que é um sistema de governança em uma empresa familiar, a proposta é situar o leitor sobre algumas das grandes preocupações das famílias que têm empresas, que circundam questões relacionadas a:

- ❐ Elevado número de familiares dependentes da empresa, principalmente quando ocorre o aumento exponencial a cada geração;

- ❐ Necessidade de separação dos interesses do negócio empresarial e da família, principalmente quando não existem políticas formalizadas para garantir a separação de empresa e família;

- ❐ Conflitos familiares entre os membros que participam da empresa, seja como executivos ou proprietários;

- ❐ Manutenção da propriedade de geração para geração, visto que a tendência é haver baixo interesse pela entrada de novos sócios;

- ❐ Falta de proximidade e interesse das próximas gerações por não terem afinidades com os negócios;

- ❐ Saída dos sócios decorrente de conflitos;

- ❐ Venda de parte da empresa para estranhos à família;

- ❐ Não existência de membros da família para a sucessão de cargos-chave;

- ❐ Desafios imprevistos, tais como falecimentos e doenças;

- ❐ Mudança no segmento do ramo do negócio da empresa;

- ❐ Lentidão no processo de tomada de decisão, acarretando em perda de oportunidades.

- ❐ Má gestão e falta de profissionalização nos negócios.

- ❐ Problemas na sucessão, seja por conflitos, falta de interessados, falta de membros familiares com o perfil adequado, entre outros;

- ❐ Desalinhamento entre as regras e expectativas da família e as regras e condições do negócio;

- ❐ Ausência de boa estrutura de governança.

Todas essas questões apontam para as variáveis que estão relacionadas ao processo de uma governança para a empresa familiar. Logo, é provável que uma das estratégias que pode ajudar nessas questões, por ter um caráter transdisciplinar que envolve família-empresa-propriedade, seja a implementação de uma estrutura de governança. Isso não quer dizer que um sistema de governança resolva todas as questões de uma empresa familiar, longe dessa possibilidade, mas que a governança pode ser considerada um bom "analgésico" para as dores das empresas familiares, isso é possível ser afirmado.

Segundo a Organização para a Cooperação e Desenvolvimento Econômico (OCDE), a governança envolve um conjunto de relacionamentos entre a gestão da empresa, seus acionistas e outras partes interessadas, e tem por objetivo fornecer a estrutura pela qual os objetivos da empresa são estabelecidos, e determinar os meios para alcançá-los. Para Ribeiro (2013 p. 28), governança é:

> uma estrutura composta por um conjunto de fóruns de poder e decisão constituído nas esferas da família, do patrimônio e da empresa, com suas respectivas regras de funcionamento. Garante a representação do interesse de todos os envolvidos, a legitimidade das decisões conjuntas e o respeito às fronteiras entre as instâncias decisórias. O objetivo das práticas é a criação e operacionalização de um conjunto de mecanismos que visam fazer com que as decisões sejam tomadas de forma a aperfeiçoar o desempenho de longo prazo das empresas.

O que vem a ser uma governança para uma empresa familiar de pequeno e médio porte? Seria o mesmo para uma empresa de grande porte? Diríamos que são os mesmos conceitos, mas levando em conta as características das pequenas e médias empresas.

Por meio de um sistema de governança, é possível construir:

❑ Uma estrutura para a tomada de decisões de forma que atenda às necessidades e interesses da empresa e da família;

❑ A união entre os membros da equipe da família em prol dos negócios;

❑ Uma relação de confiança e o orgulho na família, entre a família e o negócio;

❑ Acordos que apoiam a tomada de decisões que envolvam a família, a propriedade e a empresa;

- A hierarquia (autoridade e autonomia) sobre "quem", "quais" e "como" devem ser tomadas as decisões;

- Estimular o diálogo entre as pessoas certas no momento certo.

Por meio de um sistema de governança, é possível responder aos questionamentos propostos a seguir. Aproveite e efetue o levantamento referente à sua empresa e família.

Quem somos nós?

- Efetue o resgate histórico da empresa e da família fazendo uma linha do tempo e os momentos em que os acontecimentos têm interfaces entre si. Utilize como referência o Modelo de Desenvolvimento Tridimensional comentado no Capítulo 3.

Qual é a missão e visão da empresa? E as da família?

- A missão é a razão de existência da empresa. A visão define o que a empresa deseja atingir no longo prazo. Tanto a missão como a visão devem, se possível, estar alinhadas ao que a família planeja. Sugere-se que a família também tenha claras sua missão e sua visão. Essa é uma forma de alinhar as expectativas da empresa e da família, favorecendo a longevidade da empresa e o fortalecimento dos vínculos familiares.

Quais são nossos valores?

- A mesma lógica de integração entre família e empresa para a missão e visão também pode ser utilizada para a definição dos valores da empresa e da família. É muito comum que os valores da família sejam associados aos da empresa. Essa integração fortalece os vínculos entre ambas. Para elaborar os valores, a missão e a visão, utilize como referência a história estruturada da empresa, conforme a metodologia sugerida no Capítulo 5.

Qual é a estratégia de longo prazo?

- A estratégia de uma empresa sempre deve ser revista. O longo prazo deve nortear as estratégias do médio e do curto prazo. A cada momento que os membros da família ou fora dela circulam pela empresa e propriedade, é provável que as estratégias mudem. A definição da estratégia deve ser flexível e resiliente diante das mudanças que ocorrem naturalmente em qualquer família. Os ajustes estratégicos devem ser realizados com base nos valores estipulados pela família e pela empresa. É bom lembrar que existem pessoas envolvidas nas diferentes relações familiares, empresariais e patrimoniais. Se todas as partes interessadas tiverem seus interesses reconhecidos e contemplados, os conflitos tendem a ser menos impactantes.

❒ **Quais os objetivos dessa estratégia?**

- De forma simples e objetiva: o que se pretende atingir com a estratégia de longo prazo? Quais são as ações e o objetivos que devem ser realizados em médio e longo prazo? Como alinhar na prática as estratégias e os objetivos? Quais serão os recursos necessários para a empresa e a família se organizarem para atingir esses objetivos?

❒ **Como acompanharemos o desempenho para verificar se está dando certo?**

- Por meio do acompanhamento dos resultados das diferentes expectativas e dos diferentes "chapéus" dos *stakeholders* (atores interessados). Isso significa reconhecer que cada um dos membros que participa dos três círculos das empresas familiares tem expectativas diferentes e, consequentemente, objetivos diferentes. Ter claras essas diferenças facilita a governança. No tópico a seguir você conhecerá os diferentes "chapéus" de cada *stakeholder*.

Essas questões apontadas são as direcionadoras para que a governança seja instituída em uma empresa familiar. Utilize-as como direcionadoras para elaborar um plano de ação para a estrutura de uma governança.

Técnicas e ferramentas para implementar a governança em pequenas e médias empresas

Neste tópico, apresentaremos três estratégias práticas para implementar um sistema de governança em uma empresa familiar, sendo elas: chapéus da governança, CANVAS Familionário e o Acordo dos Acionistas.

Chapéus da governança

Quando nos referimos aos "chapéus", estamos sugerindo que os membros da empresa familiar criem quatro perspectivas diferentes para realizar encontros (podemos chamar de reuniões) para análises das necessidades e interesses, contemplando temas relacionados à empresa, à família e ao patrimônio. Os chapéus devem representar quatro pensamentos: dos acionistas (Figura 6.1), do conselho (Figura 6.2), da gestão da empresa (Figura 6.3) e da família (Figura 6.4).

Chapéus	Funções e expectativas dos encontros
Figura 6.1: Chapéu do conselho	O chapéu do Conselho é assumido pelas pessoas que intermediam os interesses dos acionistas e da gestão, aconselham os gestores e apoiam os planos de continuidade. Esse grupo de pessoas faz o acompanhamento da gestão da empresa, dos interesses da família e acionistas, e participa da definição da missão, visão e valores da empresa. Sugere-se que usem esse chapéu profissionais pertencentes à família e os de fora, para equilibrar os interesses e as relações.
Figura 6.2: Chapéu da propriedade/acionistas	É constituído por pessoas que conhecem a dinâmica do segmento do negócio. Apoiam a definição da missão, visão e valores e estabelecem os macro-objetivos. É o grupo responsável por elaborar/aprovar o acordo de acionista. Sugere-se que usem esse chapéu profissionais pertencentes à família e os de fora, para equilibrar os interesses e as relações.
Figura 6.3: Chapéu da gestão	É composto pelos profissionais que fazem a gestão da empresa, têm conhecimentos especializados de acordo com os cargos que ocupam, estabelecem os objetivos estratégicos e têm como grande função o cumprimento do plano estratégico dos negócios. Sugere-se que usem esse chapéu profissionais pertencentes à família e os de fora, para equilibrar os interesses e as relações.
Figura 6.4: Chapéu da família	É composto por pessoas da família e de fora dela e tem por objetivo organizar eventos para a família e ações que integrem os laços familiares, além de permear os demais chapéus. É por meio dessa equipe que são realizados planos para os membros da família que não têm interesse em participar dos negócios.

Fonte: Pixabay

A proposta do uso dos chapéus é ter um momento específico para tratar das questões apontadas em cada um deles. Na prática, o uso dos chapéus deve ser realizado por meio de reuniões com pautas bem definidas com antecedência, e os membros de cada chapéu devem ocupar o papel proposto no respectivo chapéu.

Em pequenas empresas, é provável que as pessoas que participam do momento de cada chapéu sejam as mesmas em todos eles, porém é necessário deixar claro que momento é aquele da discussão, para que as pessoas possam se reposicionar diante dos interesses de acordo com a temática do chapéu. Observe que foi sugerido para todos os momentos a participação de pessoas externas que não estão envolvidas diretamente na empresa, na família ou na propriedade. Isso é proposto para equilibrar os interesses, as relações e as emoções nos encontros.

Em cada uma dessas reuniões tematizadas pelos chapéus, deve haver também uma ata, para os registros das pautas e dos devidos encaminhamentos, sendo que a reunião seguinte deve sempre ser iniciada com a leitura da ata anterior, para dar sequência às discussões e ao acompanhamento dos encaminhamentos.

A ata para esse tipo de reunião deve ser simples e prática, para facilitar seu uso no cotidiano da empresa. Não é necessário detalhar as discussões e os encaminhamentos, então as anotações podem ter o formato de tópicos. Segue um modelo de ata que pode ser utilizado.

ATA DE REUNIÃO			
Local:	Sala:	Data:	Horário:

Presenças:

Pauta:

Definições e encaminhamentos:

Assinatura dos presentes:

Mantenha para cada chapéu uma pasta contendo todas as atas; elas serão úteis para rastrear informações sempre que necessário. Se for preciso, cada ata deve ter anexados os documentos utilizados e apresentados durante as reuniões, assim, as informações ficarão mais completas para pesquisas futuras.

CURIOSIDADE

A proposta de usar os chapéus como uma forma de mudança de "cadeira" ou mesmo de "cabeça" é baseada na técnica dos Seis Chapéus do Pensamento, desenvolvida por Edward de Bono e conhecida no mercado a partir do livro homônimo de sua autoria. Essa técnica proporciona uma organização para pensar e executar soluções de forma que cada coisa seja realizada de uma vez e separando a emoção da lógica, e a criatividade da informação. A proposta é que cada chapéu seja determinado a partir de um tipo de pensamento, de uma perspectiva de valor.

Por meio dessa técnica, inspirada no filósofo chinês Confúcio, as pessoas são estimuladas a pensar em uma situação sob diferentes perspectivas, buscando os diversos pontos de vista e interesses. O uso das cores é apenas para diferenciar as propostas dos diferentes modelos mentais (Figura 6.5).

FIGURA 6.5

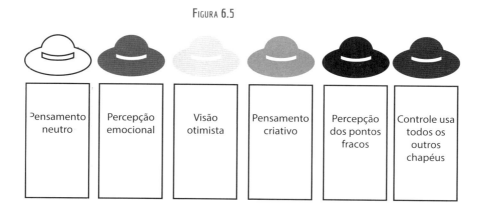

CANVAS Familionário: uma abordagem para as empresas familiares

O CANVAS Familionário (Figura 6.6) tem por objetivo compreender as relações existentes entre a empresa e a família e estruturá-las de forma que possam favorecer uma visão global a favor da sustentabilidade da organização e da família no longo prazo. O CANVAS Familionário é uma adaptação do modelo CANVAS desenvolvido por Alexander Osterwalder e Yves Pigneus e difundido por meio de seu livro *Business Model Generation — Inovação em Modelos de Negócios*. O CANVAS, também conhecido como BMG, é usado para modelagem de negócios e visa simplificar o entendimento sobre uma ideia de negócio, tendo como referência a capacidade de síntese, sempre contando com uma construção colaborativa e participativa.

Figura 6.6: CANVAS Familionário

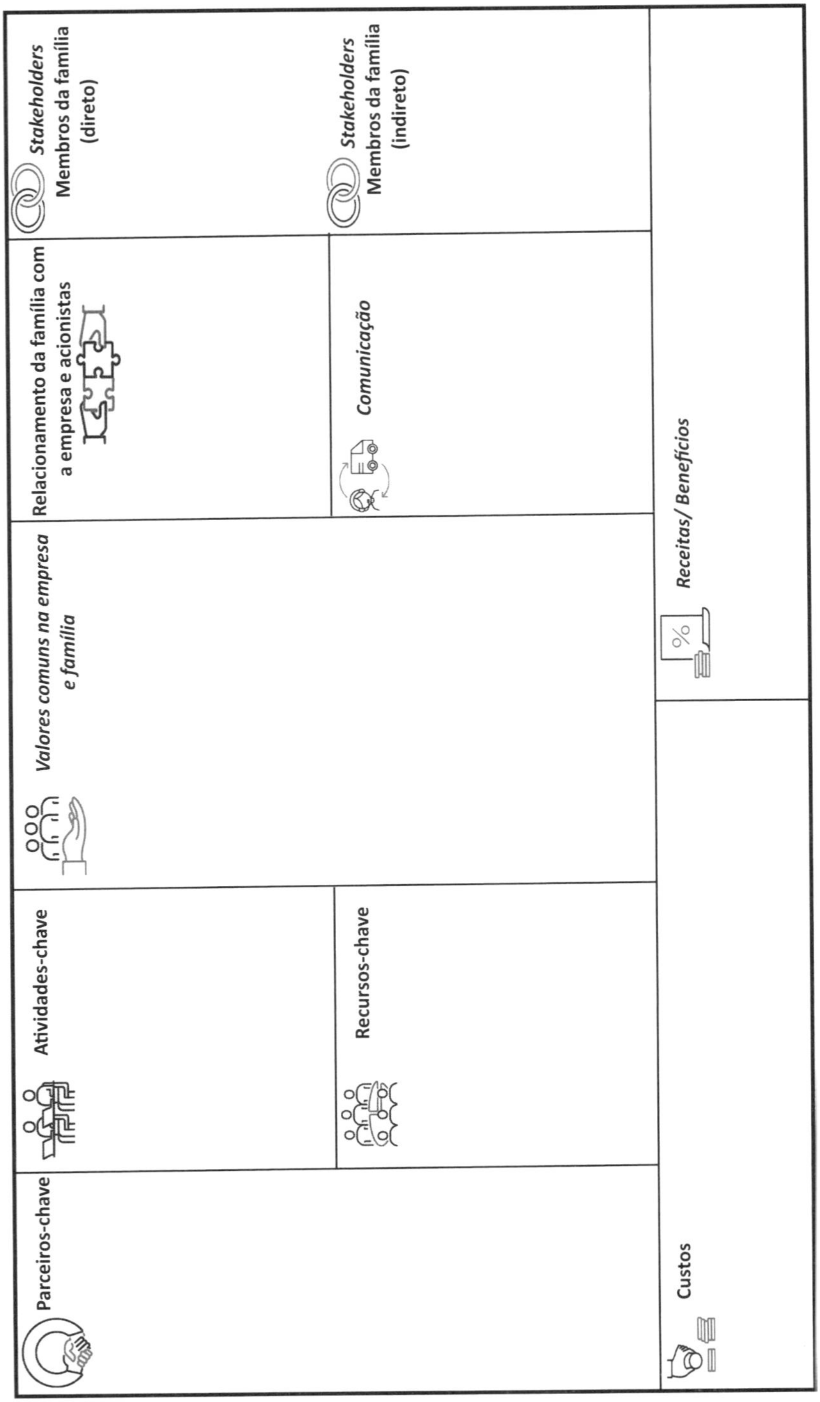

Parceiros-chave

Atividades-chave

Valores comuns na empresa e família

Relacionamento da família com a empresa e acionistas

Comunicação

Stakeholders
Membros da família
(direto)

Stakeholders
Membros da família
(indireto)

Recursos-chave

Custos

Receitas/ Benefícios

Fonte: Adaptado de Osterwalder, A. & Pigneur, Y. (2011).

Para elaborar o CANVAS Familionário, sugere-se a impressão do quadro em papel A3, ou a elaboração do desenho em cartolina pelos participantes, facilitando a interação e integração. O preenchimento do CANVAS Familionário deve obedecer a uma sequência de informações apresentadas a seguir utilizando *post-its*, visto que, se houver a necessidade de alterações posteriores, bastará trocar os *post-its*, sem rasurar o quadro geral. Ele deve ser preenchido como se fosse um *brainstorming* e, posteriormente, discutido para validar cada contribuição. As informações preenchidas devem ser em formato de tópicos, sem detalhamento.

Os elementos do CANVAS familionário são:

1. Stakeholders (partes interessadas/atores)

Neste elemento, devem ser listados todos os membros da família que participam ou não da empresa, separando quem são os acionistas dos que não são acionistas e quem são os familiares que atuam ou não na empresa. Também devem ser examinadas suas expectativas. Quanto mais informações houver sobre as partes interessadas, melhor será o entendimento das expectativas e melhores serão as condições de estabelecer as ações futuras para a empresa familiar.

As reflexões podem ser norteadas pelos seguintes questionamentos:

- *Quem são os familiares que atuam na empresa? Quais suas expectativas?*

- *Quem são os familiares que não atuam na empresa? Quais suas expectativas?*

2. Valores da família comuns à empresa

Neste elemento, devem ser listados os valores da família comuns à empresa, bem como os que não são comuns. Vale lembrar que não é necessário que os valores sejam similares, mas é importante ter consciência deles, visto que são ambientes (família e empresa) em que muitas vezes há conflitos de interesses.

As reflexões podem ser norteadas pelos seguintes questionamentos:

- Quais valores da família foram repassados para a cultura da empresa?

- Todos os valores devem ser mantidos? Se não, quais devem ser mantidos e quais não devem?

3. Comunicação

Neste elemento, devem ser listados os mecanismos e os momentos em que as informações são repassadas da empresa para a família, da família para a empresa, dos acionistas para a família, da família para os acionistas, dos acionistas para a empresa e da empresa para os acionistas. O uso da técnica dos "chapéus" pode ser uma alternativa para o processo de comunicação.

As reflexões podem ser norteadas pelos seguintes questionamentos:

- Como a empresa comunica à família suas necessidades empresariais e vice-versa?

- Como a empresa comunica aos acionistas suas necessidades empresariais e vice-versa?

- Como os acionistas comunicam à família suas necessidades de propriedade e vice-versa?

4. Relacionamento da empresa com a família e os acionistas

Neste elemento, devem ser listados os mecanismos utilizados para promover os relacionamentos entre a empresa, a família e os acionistas. Observe que, nesse elemento, a técnica dos chapéus será uma boa opção para mapear os tipos de relacionamento, e isso pode ser feito em datas comemorativas da família, da empresa, do segmento do negócio, entre outras formas de promover a interação.

As reflexões podem ser norteadas pelos seguintes questionamentos:

- Como a empresa se relaciona com a família e os acionistas?

- Existem eventos/atividades específicos para promover os relacionamentos?

5. Receitas

Neste elemento, devem ser listadas as expectativas financeiras e de propriedade de cada um dos *stakeholders,* bem como os benefícios que desejam obter. Esse elemento é uma percepção material em relação à empresa e ao patrimônio por parte da família.

As reflexões podem ser norteadas pelos seguintes questionamentos:

- Quais são as fontes de receita da empresa?

- Quais são as fontes de receita dos membros da família?

- Qual a receita de que a empresa necessita para manter suas operações?

- Qual a receita de que a família necessita para manter o padrão de vida desejado?

- Quais são as expectativas dos acionistas?

6. Recursos-chave

Neste elemento, devem ser listados os principais recursos humanos, financeiros, materiais, de equipamentos, de instalações, entre outros, que são considerados essenciais para que os objetivos da empresa familiar sejam mantidos.

As reflexões podem ser norteadas pelos seguintes questionamentos:

- Quais são os recursos essenciais para o funcionamento da empresa? E da família? É possível convergir os interesses? Se não, o que pode ser feito?

7. Atividades-chave

Neste elemento, devem ser listadas as atividades-chave que compõem a empresa e como a família ocupa os cargos. A proposta é verificar como a família interage profissionalmente nessas atividades e se os membros estão qualificados para ocupar esses cargos.

As reflexões podem ser norteadas pelos seguintes questionamentos:

- Quais são as atividades essenciais para o funcionamento da empresa? Quais delas são realizadas pela família?

8. Parceiros-chave

Neste elemento, devem ser listados os parceiros estratégicos que apoiam a operação da empresa e que podem ajudar a família. Também é importante verificar se existem membros da família que tenham atividades inter-relacionadas com a empresa.

As reflexões podem ser norteadas pelos seguintes questionamentos:

- Quais são os parceiros essenciais para a operacionalização da empresa?
- Existem empresas dos membros da família que fornecem serviços e produtos para a empresa familiar?

9. Custos

Neste elemento, devem ser listados os principais custos da operação da empresa e deve ser realizada a análise sobre se eles são viáveis para atender às expectativas do mercado e dos acionistas. Também é importante verificar se os custos comportam as expectativas dos familiares e se seus gastos estão incluídos nesses custos.

As reflexões podem ser norteadas pelos seguintes questionamentos:

- Quais são os custos principais da empresa?
- Quais são os custos principais dos membros da família? Eles estão compondo os custos da empresa? Se sim, o que fazer?
- Os custos atendem aos interesses dos acionistas?

Ao responder a cada um desses elementos, sempre procure relacioná-los entre si, para que possam ter sentido. Retorne, reformule e refaça quantas vezes forem necessárias.

Após a elaboração, o CANVAS deve ser fixado em uma parede de fácil visualização, para que possa haver interação contínua.

Código de conduta: um acordo entre os *stakeholders* das empresas familiares

Dizer que conflitos nas empresas familiares é algo normal soa estranho, mas podemos afirmar que, por meio do estabelecimento de um código de ética e de conduta, é possível minimizar tais conflitos. Lodi (1986, p. 3) diz que a "não é a família em si que atrapalha a empresa, ou vice-versa, mas a ignorância sobre os problemas desse relacionamento e a falta de um código de relações".

Nos tópicos anteriores, foi sugerido o uso de duas ferramentas: chapéus da governança e o CANVAS. Lodi (1986) acrescenta que a empresa familiar precisa identificar suas forças e fraquezas, para construir estratégias que neutralizem suas fragilidades e fortaleçam suas forças. Portanto, sugerimos que as famílias empresárias realizem uma análise de SWOT, constituindo inicialmente um diagnóstico e, em seguida, elaborando um código de conduta. Veja como seriam as questões a serem formuladas a partir de uma SWOT Empresa Familiar.

Quadro 6.1: SWOT Empresa Familiar

Pontos Fortes	Pontos Fracos
(Referem-se às características positivas da empresa familiar resultantes dos esforços realizados.) Exemplo: • Pioneirismo no mercado. • Dedicação e comprometimento com o trabalho. • Funcionários dedicados.	(Referem-se às características negativas da empresa familiar resultantes da falta de esforços realizados.) Exemplo: • Divergências em interesses pessoais entre os sócios, impactando as estratégias da empresa. • Falta de qualificação dos sócios para a expansão dos negócios. • Uso indevido dos recursos. • Falta de modernização administrativa.
Oportunidades	**Ameaças**
(Referem-se às oportunidades externas que podem favorecer a empresa familiar.) Exemplo: • Oferta de cursos sobre a temática de empresas familiares. • Oferta de consultorias especializadas. • Empresas ofertadas para fusões e aquisições.	(Referem-se às ameaças externas que podem prejudicar a empresa familiar.) Exemplo: • Aumento de concorrência mais estruturada. • Crise econômica do país.

Tendo como base os apontamentos colocados na análise dos chapéus, do CANVAS e da SWOT, a empresa familiar deve iniciar as reflexões, discussões e sugestões para elaborar um acordo de acionistas, um código de ética ou mesmo uma carta de compromisso de gestão para guiar as decisões da empresa familiar.

OBSERVAÇÃO

Considerando que o objetivo deste livro é atender às expectativas das pequenas e médias empresas familiares, resolvemos usar a terminologia de acordo de acionistas, código de ética, código de conduta ou carta de compromisso de gestão como documentos similares, pois terão o mesmo objetivo: alinhar as expectativas e definir regras e normas para a integração dos interesses da família, da empresa e dos acionistas. Portanto, quando usarmos quaisquer dessas terminologias, estamos nos referindo ao mesmo documento.

É importante colocar que Lodi (1986) aponta que não é necessário afastar a família da empresa, mas desenvolver, pelo menos, um "nepotismo esclarecido". A profissionalização da empresa familiar demanda por profissionais (parentes ou não) qualificados. Se forem membros da família, devem, ainda, apresentar algumas características, tais como:

❐ Desejo de trabalhar "duro", pois tornam-se exemplos na empresa;

❐ Devem iniciar suas experiências em atividades operacionais, ou seja, começando por "baixo", conhecendo o real funcionamento das atividades, o que faz com que tenham um conhecimento sistêmico e aprendam sobre o negócio;

❐ Devem ter experiência fora da empresa, para desenvolver o autoconhecimento tant pessoal quanto de suas competências e habilidades profissionais sem o favorecimento "natural" de pertencer à família empresária;

❐ Devem ser educados conforme suas expectativas pessoais e suas personalidades;

❐ O membro familiar bom para a empresa é aquele que não precisa da empresa para viver, ou seja, ele deve ter competência profissional para o mercado e não ser um profissional "preso" à empresa familiar por incompetência;

❐ Ser passíveis de demissão.

Essas características de um membro da empresa familiar também devem ser previstas em um acordo formal. Ricca e Saad (2012) complementam a visão de Lodi com outras questões norteadoras para um código de ética, tais como:

❐ Responsabilidade com a manutenção da empresa diante dos desafios de mercado e de conflitos internos na organização;

❐ Priorização dos interesses da empresa sobre os interesses pessoais, sempre colocando a empresa acima dos interesses individuais;

❐ Valorização das relações humanas na família, de forma que favoreça a harmonia e a união entre os membros;

❐ Comprometimento com a melhoria contínua do desempenho da empresa;

❐ Respeito à hierarquia estabelecida na organização, evitando sobreposição de comando e conflitos desnecessários;

❐ Ética quanto ao uso dos recursos financeiros e patrimoniais da empresa, evitando que gastos pessoais sejam realizados pela empresa;

❐ Abertura de empresas pelos acionistas que venham a concorrer com as atividades da empresa da família;

❐ Recebimento de comissões por parte dos fornecedores como usufruto pessoal;

❐ Representação externa da empresa sem a autoridade formal para exercer tal atribuição.

Para complementar as sugestões anteriores, segue um exemplo de um código de conduta segundo Bernhoeft e Martinez (2011, p. 72):

1. Mantenha os interesses da empresa acima dos interesses individuais ligados aos negócios do grupo;

2. Contribua para a perpetuação da empresa nos controles dos grupos familiares originários para a harmonia de seus integrantes;

3. Conheça e respeite o contrato social e as regras de gestão da empresa;

4. Zele pela reputação pessoal, evitando situações que possam afetar a imagem da empresa;

5. Acate os critérios técnicos e profissionais para admissão de acordantes ou de seus familiares na empresa, priorizando rigorosamente as qualificações do candidato;

6. Obtenha autorização do Conselho de Administração para a contratação de serviços ou fornecimentos por parte dos acordantes ou de seus familiares;

7. Mantenha sigilo sobre as informações consideradas confidenciais ou privilegiadas;

8. Abstenha-se de fazer declarações públicas em nome da empresa e de comentar, externamente, decisões de seus gestores;

9. Não utilize, sob nenhum pretexto, o nome e o prestígio da empresa em benefício próprio;

10. Comprometa-se a utilizar o comitê do Acordo de Acionistas como canal formal de interlocução do acordante com a empresa em assuntos relativos ao Acordo de Acionistas.

Um documento de acordo deve sempre ser revisado e respeitar o momento da organização, da família e da propriedade. Deve ser um documento formal, assinado pelas partes interessadas e sempre validado por elas para o aceite das mudanças futuras. Esse conjunto de normas e regras, sempre que necessário, deve ser relembrado, devendo ser utilizado como um regimento interno.

O estabelecimento desses acordos, regras e normas estará relacionado às questões afetivas das famílias. Apesar de ser um conjunto de protocolos racionais, suas definições vão muito além de uma lógica cartesiana. É necessário amadurecimento não apenas de metodologias e técnicas de gestão, mas também pessoal, ou seja, inteligência emocional.

Após todos os levantamento sugeridos, o próximo passo para a empresa familiar é elaborar o planejamento estratégico visando identificar os objetivos de longo prazo e as estratégias a serem desenvolvidas para que tais objetivos sejam alcançados.

Agora é com você!
- Crie a prática dos chapéus da governança estabelecendo as pautas das reuniões e os agendamentos fixos das reuniões.
- Elabore o CANVAS Familionário.
- Estabeleça um acordo de acionistas e de gestão para sua empresa familiar.

Lições aprendidas
- A implementação de um sistema de governança pode acontecer para as pequenas e médias empresas.
- A técnica dos chapéus da governança visa criar momentos estruturados para promover discussões sobre os interesses da família, da empresa, do conselho administrativo e dos acionistas.
- A técnica do CANVAS Familionário visa identificar nove elementos que podem facilitar o entendimento sobre os interesses dos *stakeholders* e como a interação entre eles pode apoiar a estruturação de uma governança familiar.
- Os acordos de acionistas e códigos de ética, entre outros de documentos, visam estabelecer normas e regras de convivência entre os membros da família, os acionistas e os profissionais de fora da família, para que saibam como conduzir os negócios de modo harmônico.

Bibliografia

BONO, E. *Os Seis Chapéus do Pensamento.* Rio de Janeiro: Sextante, 2008.

LODI, J. B. *A empresa familiar.* São Paulo: Pioneira, 1986.

OSTERWALDER, A.; PIGNEUR, Y. *Business Model Generation — Inovação em modelos de negócios.* Rio de Janeiro: Alta Books, 2011.

RIBEIRO, H. M. *Profissionalização e sucessão nas empresas familiares.* São Paulo: agbook, 2013.

RICCA, D.; SAAD, S. M. *Governança corporativa nas empresas familiares: sucessão e profissionalização.* São Paulo: CLA Editora, 2012.

Capítulo 7
A MATURIDADE DAS EMPRESAS FAMILIARES

*"Para ter um negócio de sucesso, alguém, algum dia,
teve que tomar uma atitude da coragem."*

Peter Ducker

Introdução

Este capítulo tem por objetivo confrontar as necessidades, a evolução e os controles financeiros adequados a uma empresa com os obstáculos encontrados na cultura de empresas familiares a fim de alcançar os níveis adequados de gestão.

O nível de monitoramento e controle que uma empresa consegue alcançar depende diretamente do nível de maturidade de sua gestão. Esse nível de maturidade é composto por cinco degraus, que serão abordados a seguir e que determinam a capacidade de manutenção da gestão da empresa.

Cabe salientar que os resultados financeiros são a consequência dos processos e das atividades de todo o ciclo operacional da empresa, portanto, direcionar e conduzir o processo financeiro significa planejar o ciclo operacional com uma visão financeira.

Outro ponto relevante a ser considerado nas empresas familiares é a relação da família, pois a gestão da empresa é impactada diretamente pelo grau de conflito e pelo entrosamento que a família tem com relação ao negócio. Essa relação é abordada no Capítulo 4, referente aos três círculos.

A maturidade da gestão nas empresas

A maturidade da gestão nas empresas é uma técnica utilizada pelas empresas de software a fim de verificar a capacidade de geração e implementação de sistemas. Criada pela Carnegie Mellon Software Engineering Institute (2019), ela demonstra que a evolução em termos de maturidade dos processos tem uma escala de cinco degraus. Essa técnica já foi adaptada pelo PMI (Project Management Institute) para a gestão de projetos. A proposta neste livro é a de adequar essa técnica para demonstrar a importância da maturidade da gestão nas empresas com o foco de gestão financeira. A Figura 7.1 apresenta os cinco degraus que uma empresa deve buscar para a eficiência de gestão financeira. A mesma estrutura é apresentada nas Figuras 7.2 e 7.3.

Figura 7.1: Visão básica da maturidade

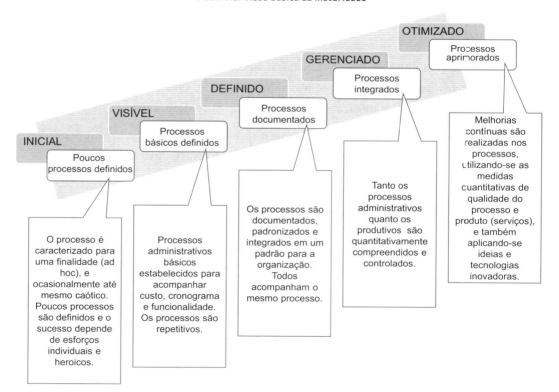

Fonte: Adaptado de Carnegie Mellon Software Engineering Institute (2019).

FIGURA 7.2: **Visão da evolução financeira**

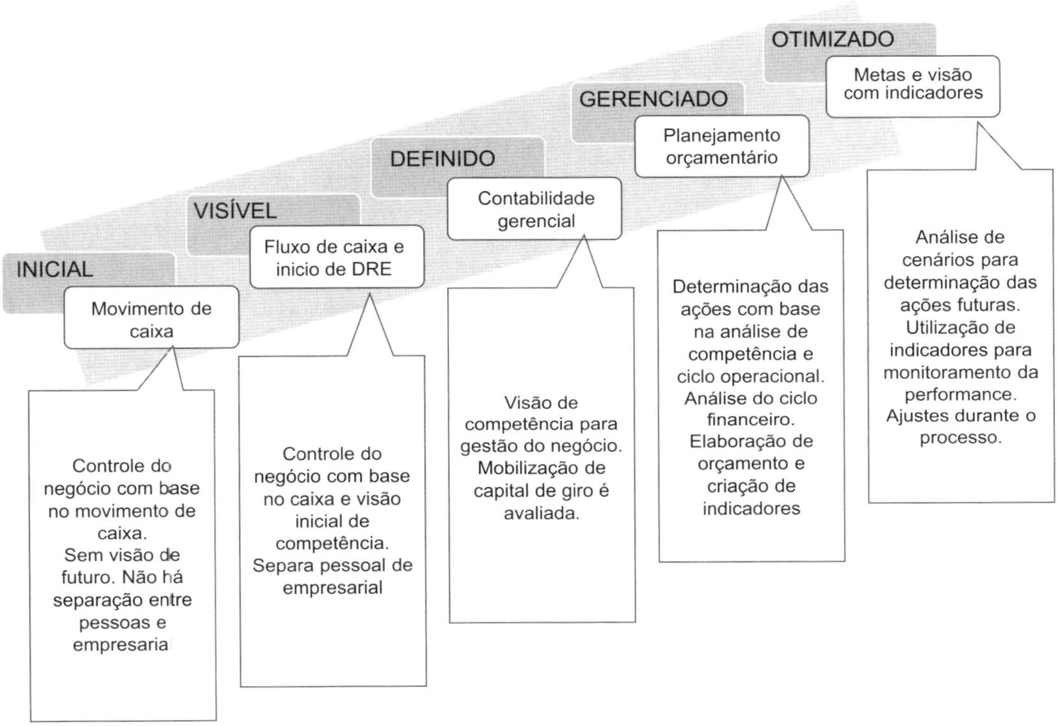

Fonte: Adaptado de Carnegie Mellon Software Engineering Institute (2019).

Dos degraus apresentados, o INICIAL é encontrado nas empresas que têm o controle financeiro baseado apenas no resultado do caixa, ou seja, no que entrou e no que saiu de recursos no dia a dia. Nesse nível de maturidade, encontramos a mistura do patrimônio da empresa com o da família, contas da família pagas pela empresa, e os resultados só acontecem pelo esforço individual de um membro que concentra o conhecimento e trabalha pelo resultado. Apesar de certas empresas iniciarem algum controle com relação à projeção de valores para a análise das necessidades financeiras, elas não apresentam uma consistência adequada para afirmar que passaram para o nível 2, chamado de VISÍVEL. Não existem na empresa processos documentados ou fluxos claros de trabalho, e as pessoas dependem de input individual para realizar atividades que tenham um comprometimento financeiro maior.

Figura 7.3: Visão da evolução e da mudança

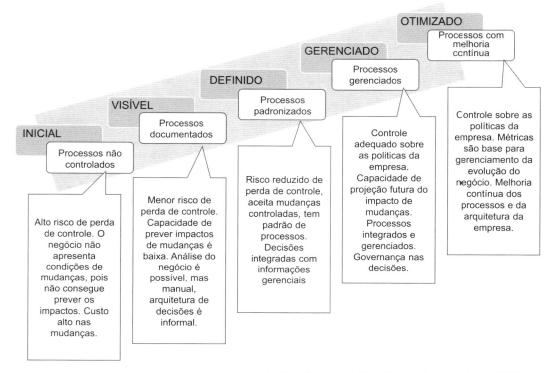

Fonte: Adaptado de Carnegie Mellon Software Engineering Institute (2019).

Nessa etapa, pode-se constatar com facilidade que a empresa não tem um controle real do financeiro, apesar de controlar o caixa. A mistura de gastos pessoais com os da empresa dificulta a visibilidade, além da falta de controles mais consistentes.

O degrau VISÍVEL apresenta modificações e aprimoramentos na empresa com relação aos processos administrativos estabelecidos e pessoas treinadas para sua utilização. Os controles, os movimentos e as projeções de caixa são possíveis. Isso destaca uma separação entre os valores a serem pagos aos sócios (particular) e os valores da empresa, e inicia o trabalho de análise de resultados. A gestão passa a ter menos dependência de "ações individuais e heroicas". Entretanto, a visão de resultado e de custos ainda não é totalmente consolidada.

O degrau DEFINIDO apresenta a consolidação dos processos financeiros com relação a demonstrativos gerencias e integração dos dados, padrão de plano de contas e integração dos sistemas de controle implementados. Nesse degrau é possível avaliar de forma coerente a necessidade de capital de giro e o tamanho do capital imobilizado. Essa etapa apresenta as questões de família com uma separação coerente em relação às questões da empresa. Independentemente de os membros ainda fazerem parte do corpo gestor da empresa, as pessoas estão capacitadas e preparadas para o desenvolvimento dos processos estabelecidos.

Com relação ao degrau GERENCIADO, os processos financeiros estão controlados e devidamente monitorados, permitindo a criação de indicadores com acurácia. A empresa é monitorada de acordo com seu ciclo operacional, e as políticas são coerentes com a estrutura e disponibilidade financeira. Nesse momento, a governança corporativa deve estar em funcionamento de forma eficiente. Pode-se afirmar, independentemente da participação de familiares nos quadros funcionais da empresa, que a gestão é profissionalizada.

Chegar ao degrau OTIMIZADO significa que a empresa atingiu os graus desejados de eficiência e eficácia financeira. Nesse degrau, a empresa trabalha com indicadores a fim de monitorar suas atividades, projeta e analisa cenários para posicionamento de mercado, tem controle adequado para estabelecer e consolidar processos e mudanças, e apresenta informações concretas e consolidadas para os sócios e gestores.

Estruturação da área financeira

Um dos principais fatores que interferem diretamente na operação do setor financeiro é a falta de sua estruturação, bem como a falta de entendimento da diferença entre a operação contábil e a operação financeira. Aliada a esses fatores, na empresa familiar, está a falta de processos e de formação das pessoas.

O crédito que o gestor da empresa familiar tem pela existência do negócio, até o momento, não o isenta da necessidade de propiciar uma visão mais técnica e processos aprimorados para evolução e crescimento no mercado.

Cabe salientar que os controles financeiros não são operações isoladas e sem comunicação entre elas. Os problemas que são encontrados na área financeira, na maior parte dos casos, tem sua origem nos processos de outras áreas da empresa. A constatação dessas causas não é apenas uma visão financeira, há necessidade da existência de um controle contábil.

Duas características bem distintas são encontradas com relação à contabilidade e o setor financeiro nas empresas familiares: a primeira se deve ao fato de a contabilidade não receber informações suficientes para manter um controle adequado dos valores e demonstrativos. A contabilidade é utilizada apenas para questões tributárias. O cliente deixa de ser a empresa e passa a ser o fisco. Encontramos empresas familiares que nunca viram um balanço patrimonial. Cabe salientar que, pelas normas e legislação, todas as empresas, exceto o microempreendedor individual, são obrigadas a ter contabilidade e balanço.

Algumas empresas sequer sabem que o balanço, no Brasil, é obrigatório, conforme apresentado no Quadro 7.1.

QUADRO 7.1: **Legislação sobre o balanço patrimonial**

Lei 10.406/2002 (Novo Código Civil), art. 1.179 - O empresário e a sociedade empresária são obrigados a seguir um sistema de contabilidade, mecanizado ou não, com base na escrituração uniforme de seus livros, em correspondência com a documentação respectiva, e a levantar anualmente o balanço patrimonial e o de resultado econômico.
Lei complementar 123/2006, art. 27 - As microempresas, as empresas de pequeno porte optantes pelo Simples Nacional poderão, opcionalmente, adotar contabilidade simplificada para os registros e controles das operações realizadas, conforme regulamentação do Comitê Gestor do Simples Nacional.
Resolução 10/2007 do Comitê Gestor Simples Nacional, art. 3º - As ME e as EPP optantes pelo Simples Nacional deverão adotar para os registros e controles das operações e prestações por elas realizadas...§ 3º A apresentação da escrituração contábil, em especial do Livro Diário e do Livro Razão, dispensa a apresentação do Livro Caixa. (Incluído pela Resolução CGSN nº 28, de 21 de janeiro de 2008).

A segunda se refere a deixar de realizar os controles financeiros porque existe controle na contabilidade. Ambas as ações, comumente encontradas, prejudicam o controle e a visibilidade das empresas.

O que se pode esperar de um funcionário que compra, guarda, vende e recebe as mercadorias? Confiança? Com certeza, porque, se algo acontecer, apenas ele saberá, já que domina todo o ciclo operacional. Uma empresa deve trabalhar com processos consistentes e robustos que garantam a sua existência, não sendo a confiança a base dos processos. Uma estrutura financeira robusta é traduzida pela consolidação de uma controladoria, onde todos os processos têm a devida separação e controle, de forma a permitir que possam ser devidamente auditados e verificados.

Independentemente do nível de controle, ele difere em cada degrau de maturidade da empresa.

Para efeito de um controle inicial, a área financeira pode se dividir em três grupos, de acordo com os processos a serem realizados: tesouraria, planejamento/controle e fiscal. A tesouraria agrupa a administração do caixa (pagamentos, recebimentos e bancos), análise de crédito, contas a pagar e a receber. O planejamento/controle agrupa a contabilidade, orçamento, custos e planejamento financeiro. O fiscal agrupa o faturamento e o recebimento fiscal, independentemente de as atividades serem realizadas internamente ou serem terceirizadas, como ocorre normalmente com a contabilidade.

Estudo realizado por Mendes, Kruger e Lunkes (2017) identifica que o grau de detalhamento de uma área financeira (controladoria) é baseado em variáveis estruturais, de desempenho e do ambiente empresarial. O Quadro 7.2 detalha o resultado desse estudo.

Quadro 7.2: **Atributos da teoria da contingência e a estrutura da controladoria**

Variáveis	Características das variáveis relacionadas à estrutura da controladoria	Autores
Idade das empresas	O ciclo de vida das organizações/idade das empresas tem relação com os instrumentos de controle. À medida que as atividades aumentam, as empresas modificam sua estrutura de controle.	Drazin, Van De Ven (1985); Granlund, Taipaleenmaki (2005)
Ramo de atuação	No ambiente empresarial, o ramo de atuação das empresas é uma variável relacionada aos aspectos de formação destas.	Drazin, Van De Ven (1985)
Número de funcionários	A quantidade de funcionários é variável, relacionada ao tamanho da organização, e utilizada para explicar as características dos sistemas de controle gerencial. As empresas com maior número de empregados geralmente têm uma estrutura formal de controladoria.	Drazin, Van De Ven (1985); Küpper, Winckler e Zhang (1990); Chenhall (2003); Davila (2000); Flamholtz, Randle (2000); Otley (2016).
Faturamento	O montante de vendas/faturamento é uma variável que se relaciona ao porte das organizações. Geralmente, empresas maiores têm mais recursos e práticas contábeis e gerencias mais sofisticadas em relação às organizações menores.	Drazin, Van De Vem (1985); Chenhall (2003); Abdel-Kader, Luther (2008); Otley (2016).
Estrutura da controladoria	A estrutura da controladoria pode se apresentar de formalmente como um setor ou departamento específico, atuando de forma independente em posição alinhada com a alta gerência da empresa visando o apoio ao processo de gestão; ou pode se apresentar de forma informal, sem departamento específico atuando como suporte na geração de informações aos gestores.	Beuren, Silva (2010); Müler, Beuren (2010); Lunkes, Heichsen, Rosa (2014).

Variáveis	Características das variáveis relacionadas à estrutura da controladoria	Autores
Importância dos controles internos	As empresas tendem a aumentar o nível de controle à medida que outras variáveis relacionadas ao tamanho (número de funcionários e faturamento) se destacam; bem como controles internos e a estrutura da controladoria contribuem na redução das incertezas em relação às tarefas e no processo decisório.	Waterhouse, Tiesse (1978); Otley (1980); Granlund, Taipaleenmäki (2005); Chenhall (2003); Chenhall, Euske; (2007); Vélez, Sánches, Álvarez-Dardet (2008).

Fonte: Mendes, Kruger e Lunkes (2017).

Quando se fala em estruturar a área financeira de modo a contemplar os requisitos para uma gestão com governança corporativa, nos deparamos com questões familiares, como cita Lethbridge (1997, p. 192): "[...] o desejo de manter as coisas em família e o medo de perder o controle — num comportamento que confunde os conceitos de controle familiar e gestão familiar — inibem a abertura administrativa de grande parte das empresas familiares tradicionais." Pesquisas da *Financial Times* (1996) indicam que somente 3% das empresas tinham um diretor executivo não pertencente à família, e 28% contrataram funcionários de nível superior que não pertenciam à família.

Esses fatores culturais devem ser considerados para a criação da estrutura, visto que, sem o apoio dos proprietários, não será possível a manutenção desta.

Portanto, em uma empresa familiar, a estruturação não leva em consideração apenas variáveis estruturais, de desempenho e do ambiente empresarial, mas também as questões de cultura e estruturação de gestão familiar.

Lethbridge (1997, p. 193), quando aborda a questão do crescimento da empresa, também ressalta que "vários fatores limitam o seu tamanho: capacidade insuficiente de financiamento, dificuldades na gestão de negócios ao mesmo tempo maiores e mais complexos e necessidade de manter as relações de confiança que lhe dariam sua vantagem competitiva".

Entretanto, existem exemplos que demonstram não existir incompatibilidade entre o controle familiar e o crescimento. Esses exemplos são formados por grupos familiares, em economias industriais com capital fechado, que, dominadas por um patriarca fundador, conciliaram o crescimento e os laços de confiança com formação de membros tecnicamente competentes das famílias (Granovetter, 1995).

No Quadro 7.3 são demonstradas as fraquezas e vantagens das empresas familiares com relação a sua gestão. As indicações das vantagens estão ligadas à cultura familiar, o que reforça a participação da família.

No entanto, as fraquezas demonstram as dificuldades pela presença da família na gestão. A falta de uma gestão profissionalizada e de atividades que trabalhem os interesses da família evidencia os itens apresentados no Quadro 7.3.

A complexidade da empresa familiar nos remete ao fato de que a estruturação do negócio familiar tem uma relevância equivalente à estruturação do negócio. E a estruturação do negócio não se consolida sem que a estruturação da família ocorra.

A estratégia de gestão do negócio deve levar em consideração que, sem a organização e a solução do relacionamento da família com o negócio, a evolução não se concretizará, ou haverá custos altos para sua realização.

Nesse quesito, temos de adotar alguns limites de velocidade, que devem ser estabelecidos em função dos valores e objetivos a serem atingidos. Por exemplo, se um dos valores é a manutenção do máximo de colaboradores fiéis à empresa, essa velocidade deve levar em conta o tempo necessário para que eles sejam preparados para os novos desafios estabelecidos por uma gestão profissionalizada.

A velocidade, na maior parte das vezes, é a fórmula para evitar gastos desnecessários e resultados diferentes dos esperados.

QUADRO 7.3: Fraquezas e vantagens das empresas familiares

FRAQUEZAS	VANTAGENS
Conflitos entre os interesses da família e os da empresa.	Lealdade dos empregados, em função da identificação com as pessoas.
Apropriação de recursos da organização para membros da família.	Continuidade do negócio pela sucessão de familiares capacitados e competentes.
Falta de controle e planejamento de custos e recursos financeiros.	Sistema de decisão mais rápido.
Resistência à modernização da área comercial, sujeitando-se a antigos vendedores de confiança.	Sensibilidade social e política, pela possível influência da família nas relações nacionais e regionais.

FRAQUEZAS	VANTAGENS
Emprego e promoção de parentes por nepotismo, em detrimento da qualificação profissional.	Maior humanismo nas relações e permanência em função das sucessões, dos valores fundacionais e de visões pessoais dos dirigentes

Fonte: Silvia e Trevisan Fossa (2019).

Como podemos observar na Figura 7.4, existe uma relação direta entre os elementos família, negócio e patrimônio. Essa área de intersecção se complementa quando a equação organiza todas essas áreas.

FIGURA 7.4: **Modelo tridimensional da empresa familiar**

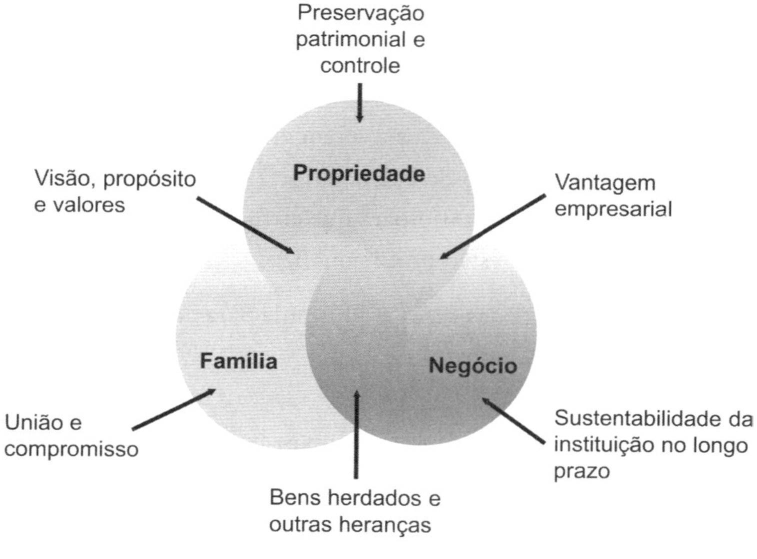

Fonte: Mendes (2019)

De acordo com as características de cada família e de cada negócio, levando em consideração o patrimônio existente, define-se a criação e/ou estruturação das entidades a serem utilizadas.

As ferramentas a serem aplicadas são definidas e estruturadas em função das entidades. Cabe acrescentar que, no início de um trabalho de reformulação, nem todas as entidades são formalizadas, apesar de passarem a existir. Isso varia em função da assimilação da nova cultura de controle por parte da família e do negócio.

Retomando a estruturação da área financeira (o termo controladoria, por ser mais abrangente, passa a ser um meta de médio prazo), a criação de um sistema de controle e informação, ou a organização de sistemas existentes, para disponibilização de informações consistentes e a partir disso a criação de indicadores para demonstração e análise de um conselho, é o ponto mais relevante para a criação de novos processos e transição para um novo posicionamento.

A adoção de modelos de governança, tratados em maior detalhe no Capítulo 6 e demonstrados na Figura 7.5, propicia o apoio no crescimento e estruturação da maturidade da empresa. É fato que, se o processo de estruturação não for conduzido considerando-se os três elementos (família, patrimônio e negócio), os conflitos aumentarão devido ao desequilíbrio causado pela diferença de maturidade em que são tratados os assuntos em cada elemento.

Figura 7.5: **Modelo de governança para empresa familiar**

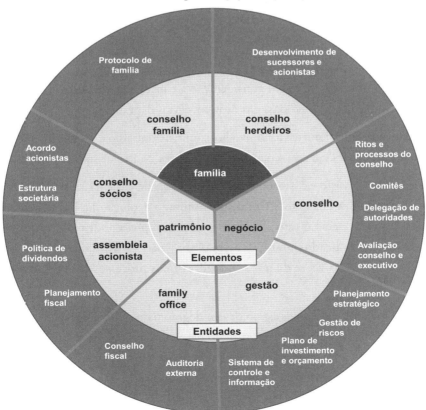

Fonte: Mendes (2019a).

A criação e o posicionamento em novos processos requer uma maturação dos novos conceitos, muitas vezes baseados em treinamento e capacitação da equipe, gestores e sócios, o que se assemelha à subida de uma escada, onde cada novo degrau apresenta uma nova realidade, novas visões e, portanto, uma reformulação do trabalho que está sendo realizado.

A Figura 7.5 apresenta uma correlação e dependência clara entre os três níveis de governança: ferramentas, entidades e elementos. Pode-se fazer uma escala de dependência de ida e vinda. Por exemplo, as ferramentas dependem do funcionamento adequado das entidades que dependem do funcionamento dos negócios. (Sistema de controle de informação => Gestão => Negócio).

Pela outra vertente, se têm os elementos, entidades e ferramentas. Nessa situação, o negócio se relaciona com a gestão e o conselho, que se relacionam com o sistema de controle e a informação, plano de investimento e orçamento, gestão de riscos e planejamento estratégico (negócio) e avaliação conselho e consultivo, delegação de autoridades, comitês e ritos e processos do conselho.

Não há como pular degraus, e podemos constatar isso em um processo de *Capability Maturity Model* – CMM (Figura 7.6), utilizado principalmente na área de tecnologia da informação. A análise leva em consideração a capacidade de pessoas, de tecnologia e do uso de indicadores (medidas) em cada nível dos degraus.

Cada novo degrau significa um novo horizonte de trabalho e melhorias que refletem diretamente na capacidade da empresa de dominar e controlar seus processos.

A superação consiste em se conseguir a mudança de características do perfil e capacidade de cada um dos itens a fim de possibilitar a evolução na implementação dos processos. Cabe acrescentar que, ocasionalmente, a empresa pode realizar um processo com os resultados indicados em níveis acima, e isso não significa que está em um novo nível. A mudança de nível se dá por não realizar mais processos com resultados como os dos níveis inferiores.

Como já foi abordado, a passagem de um degrau para outro é dependente da evolução da família, do negócio e da estrutura do patrimônio. Deve-se considerar que, para isso, processos precisam se criados e implementados, pessoas precisam ser treinadas e desenvolvidas e documentos precisam ser estruturados.

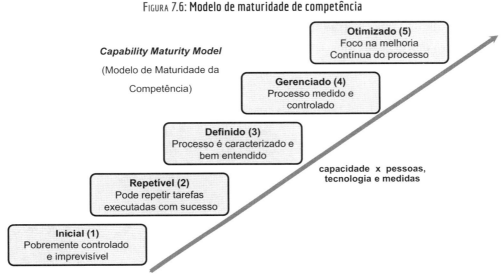

Figura 7.6: Modelo de maturidade de competência

Fonte: Carnegie Mellon Software Engineering Institute (2019).

Como a estruturação financeira, na verdade, é a geração de novos processos ou a reformulação de processos já implementados, a teoria de CMM pode ser utilizada como apoio e definição dos caminhos a serem adotados.

Na Figura 7.7, é confrontada a capacidade das pessoas versus a tecnologia versus as medidas (indicadores). A situação apresentada representa o diagnóstico de estudos efetuados para as características situacionais dos níveis de maturidade. Pode-se observar os diagnósticos de cada perfil, que apresentam a problemática existente e, portanto, são as questões para os quais necessitam ser traçadas estratégias que serão aplicadas a fim de se alcançar o próximo degrau de maturidade.

A primeira e importante informação é que a mudança não começa necessariamente pelo financeiro, mas pelos processos que "deságuam" no financeiro, e que a mudança mais importante é a capacitação das pessoas. Essa capacitação se dá tanto em formação de conhecimento como em mudanças de cultura com relação ao comportamento corporativo.

Cada empresa permite um caminho diferente para o aperfeiçoamento dos processos e da implementação, e na mesma empresa não existe um caminho único.

Mas temos algumas condições básicas nas empesas familiares: a criação de um "comitê", mesmo que em seu início não seja formal, e o início da estruturação de um sistema de controle e informação. O comitê tem como objetivo inicial equalizar as decisões entre os familiares ativos na empresa e reduzir os conflitos do processo decisório.

Figura 7.7: Capacidade pessoas x tecnologia x medidas

Nível 1	Nível 2	Nível 3	Nível 4	Nível 5
Sucesso depende de heróis individuais	Sucesso depende de indivíduos, apoio administrativo	Grupos de projeto trabalham juntos	Forte senso de trabalho em equipe dentro de cada projeto	Forte senso de trabalho em equipe na organização
"Apagando incêndio" é o modo de viver	Comprometimentos são compreendidos e administrados	Treinamento é planejado e de acordo com os papéis	Novas tecnologias são avaliadas em bases quantitativas	Todos estão envolvidos na melhoria do processo
Relações entre disciplinas são descordenadas e até adversas	As pessoas são treinadas	Novas tecnologias são avaliadas em bases qualitativas	Definição e coleta de dados padronizados na organização	Novas tecnologias são procuradas e desenvolvidas
Introdução de nova tecnologia é um risco	Tecnologia apoia atividades estáveis e estabelecidas	Dados são coletados e usados em todo processo definido	Dados são usados para compreender o processo quantitativamente e estabilizá-lo	Dados são usados para avaliar e selecionar melhorias de processo
Coleta de dados e análise são feitas ad hoc (pontuais)	Dados de administração e planejamento usados em projetos individuais	Dados são compartilhados ao longo do projeto		
	Capacidade x Pessoas	Capacidade x Tecnologia	Capacidade x Medidas	

Fonte: Carnegie Mellon Software Engineering Institute (2019).

O comitê garante que as decisões tomadas tenham a participação dos gestores (sócios), para que eles tenham autoridade em sua implementação. O sistema de controle e informação deve adotar inicialmente pelo menos duas frentes: a estruturação de um novo plano de contas que venha a contemplar uma estrutura gerencial do negócio, e processos financeiros, para que possam trazer informações para os processos de decisão. O planejamento estratégico é uma "ferramenta" importante no "elemento" negócio, propiciando um trabalho objetivo com relação à cultura da empresa.

Essa sequência do processo de mudança da gestão financeira (Figura 7.8) tem sido aplicada com eficácia, por permitir que a "família" tenha seu tempo de adequação a novas realidades, bem como por iniciar a preparação da base de informação gerencial, permitindo, em curto prazo, iniciar a demonstração de indicadores que permitam as decisões de direcionamentos e ajustes financeiros iniciais de que as empresas necessitam.

Figura 7.8: **Proposta de sequência do processo de mudança da gestão financeira**

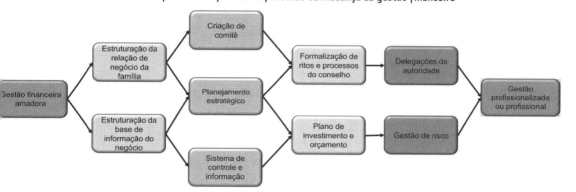

Outro fator preponderante nos processos de ajuste é que a maior parte das empresas familiares solicita o apoio para suas mudanças nos momentos em que algum grande problema se consolida, o que exige um trabalho que disponha sobre a solução momentânea do "efeito", para um trabalho posterior na "causa". Por exemplo, se o efeito é a falta de caixa e o endividamento, há necessidade de contenção desse problema para que se possa ganhar prazo a fim de atacar a causa.

A velocidade e o tempo de resolução do processo de maturidade da empresa variam em função da "dose do remédio" a ser aplicada e do "grau da doença" existente.

Com relação à "dose", se há um afastamento da família do negócio e a substituição do corpo de colaboradores por um corpo profissional, esse processo pode ser encurtado. Se o objetivo é a formação da família, com a capacitação do corpo de colaboradores (o que não significa que não acontecerão trocas), o processo será mais longo.

Com relação ao "grau da doença", a empresa resiste a um tratamento de médio e longo prazo? Ou tem de ser aplicado um tratamento de choque? Se a necessidade for um tratamento de choque, não há como escolher outro caminho, pois ou são feitas mudanças rápidas ou a empresa morre.

Conceitos básicos para a estruturação

Alguns conceitos para a geração dos valores são essenciais para que não ocorra distorção deles. Isso se aplica principalmente a software ERP (Enterprise Resource Planning), cuja tradução literal significa "Planejamento dos Recursos da Empresa", onde todos os módulos de controle se integram, e, assim, a informação que entra em um módulo fiscal atualiza de forma simultânea o estoque e as contas a pagar. Nesse caso, o acerto ou erro em um determinado processo afeta diretamente toda a cadeia da empresa. Quando a administração é efetuada por software não integrado, o cuidado a se adotar é ainda maior, para que não se chegue a mais de um resultado para o mesmo processo, ou seja, cada base de informação apresenta um resultado diferente, visto que, isoladamente, a forma de aplicação do gasto foi analisada de forma diferente.

Alguns conceitos básicos são necessários para que esses processos e essas aplicações estejam alinhados. Um deles é a diferenciação entre o conceito de regime de caixa e regime de competência. Esses conceitos, aplicados de forma correta, são importantes para que se possa ter uma visão correta dos resultados de uma empresa.

Normalmente, pequenas empresas se guiam pelo regime de caixa, ou seja, quando ocorrem os recebimentos e os pagamentos. Isso é um controle importante, mas reflete apenas o efeito das ações adotadas.

O regime de caixa, representado pelas datas de recebimento ou de pagamento, é uma consequência das ações do passado. A formação do fluxo de caixa se dá pelos atos e fatos que ocorrem no dia a dia. É como comparar causa e efeito.

Trabalhar somente com regime de caixa é trabalhar apenas com os efeitos, assim sendo, não há domínio da causa. Não se está afirmando que esse controle não deva ser utilizado. O destaque é que é preciso dominar a causa, para que se possa ter a gestão da empresa.

Pode-se comparar a causa com o regime de competência. Olhar para o regime de competência é controlar quando os fatos ocorrem, a que período eles pertencem, independentemente de quando é efetuado o pagamento ou recebimento, em que momento ocorreu o fato. Se vou construir um muro, em que data são utilizados materiais como areia, cimento, pedra, ferragem madeira, mão de obra.

Com essas datas, pode-se estabelecer um cronograma de execução para controle das causas. Elas representam o regime de competência.

Com o entendimento dessas duas ferramentas, podem-se controlar as causas e projetar um regime de caixa adequado. Portanto, pode-se afirmar que, em uma gestão planejada, o regime de caixa é consequência do regime de competência.

Cabe salientar que, conforme a Figura 7.7, a implementação de um sistema precisa de uma preparação de base, e há um grande risco em sua implementação no degrau INICIAl.

Essa capacidade é bem representada na Figura 7.9. Nesse quadro, o alcance dos resultados (eficácia) é confrontado com o nível de utilização dos recursos (eficiência).

Pode-se concluir que, para que o resultado possa ser atingido de maneira organizada, há necessidade de se habilitar as competências necessárias ao bom uso das ferramentas.

Isso pode explicar "o porquê" de as empresas atingirem o resultado sem que tenham as devidas competências estabelecidas. Na maior parte das vezes, não é percebido o tamanho do esforço ou os desperdícios de recursos para que seja atingido o resultado. A visão fica restrita à eficácia, mesmo que não haja eficiência.

Isso está ligado ao primeiro degrau de maturidade, onde o "sucesso depende de heróis individuais", ou seja, não há uma estrutura adequada ou trabalho em grupo para o alcance de resultados, o que, por outro lado, significa que não é formada uma base de informação adequada e, considerando a gestão financeira, nem uma base de informações para tomada de decisão.

Padronização da estrutura de demonstração

A padronização de estruturas é a base para que se possam efetuar comparações entre os valores projetados e os valores realizados. A fonte de informação de cada um dos dados deve ser única, ou seja, não se pode ter o mesmo dado em fontes diferentes. Isso assegura a consistência da informação gerada. Essa definição passa pela implementação de um Plano de Contas Padrão, que deve ser aplicado no financeiro e na contabilidade. Assim, o Demonstrativo de Resultado (DRE) é uma expressão do que foi alcançado em um período anterior, e o orçamento em uma mesma estrutura demonstra as metas a serem alcançadas no próximo período.

A utilização conjunta dessas duas ferramentas permite que possam facilmente ser visualizados os ajustes a serem efetuados para alcance dos objetivos propostos.

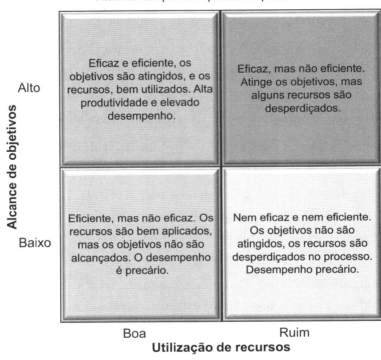

Figura 7.9: Comparativo eficiência x eficácia

Fonte: Adaptado de Schermerhorn (1996, p. 5).

Gestão das finanças

Uma das principais variáveis que influenciam a forma como as empresas e os gestores lidam com as finanças está no entendimento do conceito de "gestão das finanças". Essa base conceitual apresenta uma visão restrita da atuação financeira voltada à busca de resultados. Os conceitos passam pela definição de que gestão das finanças é apenas a gestão do dinheiro. Em empresas familiares, a gestão do dinheiro da empresa e da família é vista como se fosse um caixa único. O que é da empresa é o mesmo que é da família. Na verdade, apenas os lucros obtidos pela empresa, dividendos e os pró-labores têm relação com a família.

A visão restrita desse conceito nos leva a concluir que, fazendo-se a gestão do caixa e de bancos, está sendo feita a gestão das finanças. Isso ocorre principalmente quando a empresa está no nível de maturidade inicial.

Em uma visão ampla, em um primeiro ponto, pode-se afirmar que o resultado de caixa e bancos é apenas um resultado dos diversos processos da empresa que, de maneira direta ou indireta, interferem nas finanças.

FIGURA 7.10: **Processos do resultado financeiro**

O grau de maturidade apresenta uma escala de degraus para a determinação do nível em que a gestão da empresa se encontra. Lembre-se de que o fato de realizar atividades em níveis superiores não significa estar nesse nível. Quando é o próximo degrau, pode significar que a empresa está próxima da transição entre um e outro grau de maturidade.

A seguir é apresentado um questionário para que possa ser avaliado o grau de maturidade da gestão financeira em que sua empresa se encontra. Responda com o devido rigor para entender o que já faz e o que falta para evoluir para o próximo nível.

Sua empresa estará no nível anterior à primeira resposta "Não".

	Questão	Sim	Não
1	A empresa tem o valor da movimentação financeira diária? Sei qual é o saldo de caixa?		
1	A empresa consegue efetuar os pagamentos com uma programação feita no dia anterior sem que apareçam novos pagamentos?		
1	A empresa tem a relação de todos itens a serem pagos nas próximas semanas com uma alteração de no máximo 10%?		
2	A empresa controla com antecedência a falta de caixa ou excedente, programando as possíveis ações a serem adotadas?		
2	A empresa conhece o lucro obtido no período por meio de um demonstrativo de resultado?		
2	A empresa tem informações suficientes e consegue montar um demonstrativo de resultado com acurácia?		
3	A empresa tem acompanhamento dos resultados de forma setorizada (linha de produtos, centro de custos, família de produtos etc.)?		
3	A empresa tem clara distinção entre as despesas e os custos?		
3	A empresa conhece a margem líquida de cada produto e a margem líquida total?		
3	A empresa conhece o ponto de equilíbrio em cenários diferentes?		
4	A empresa tem controle dos prazos médios de estoque, compras e vendas, estabelecendo metas globais?		
4	A empresa tem controle dos resultados globais e individuais por meio de relatórios?		
4	A empresa tem projeções das necessidades financeiras dos próximos meses?		
4	A empresa projeta a necessidade de estoque e vendas para cada cenário de ponto de equilíbrio?		
5	A empresa tem controle do capital de giro imobilizado e da necessidade de capital no caso de aumento de vendas?		
5	A empresa tem projeção do impacto da redução ou crescimento das vendas na operação e nos estoques?		
5	A empresa utiliza indicadores para estabelecimento de metas e projeção financeira?		

Lições Aprendidas

O resultado financeiro é o resultado de diversos processos da empresa. A gestão das finanças compreende a gestão dos valores da empresa, pois a falta disso implica diretamente na disponibilidade financeira e em seu valor.

Cabe aqui acrescentar que, na empresa familiar, o funcionamento desses processos depende da boa gestão da família, pois o conflito entre seus membros afeta de forma direta os processos, seja por ingerência ou por falta de decisão nos momentos adequados.

Quando se observa a Figura 7.10, pode-se afirmar que se olha para toda empresa, com relação a processos que de forma direta ou indireta afetam o financeiro.

A melhoria contínua, e ajustes do processo de origem, se apresentam como uma resolução mais prática e técnica, é o caminho mais adequado para a solução das questões financeiras. Entretanto, isso nem sempre ocorre dessa forma, tendo o financeiro que se adequar aos problemas existentes, por meio de alternativas que visam mitigar os problemas. Questões não visíveis, como relacionamentos, falta de conhecimento e, na empresa familiar, a relação da família na gestão da empresa, fazem com que essas soluções aparentemente práticas não tenham a efetividade desejada. Devido a isso, o planejamento deve levar em consideração esses fatores, e a visão dos três círculos passa a ser muito importante.

Bibliografia

Carnegie Mellon Software Engineering Institute. Capability Maturity Model Integration (CMMI). Versão 1.1 (2002). Disponível em: <https: // resources.sei.cmu.edu/library/asset-view.cfm?assetid=6109>. Acessado em: 1º de jul. 2019.

Financial Times. *Gathering of a clan*, 2 de out. 1996.

Granovetter, Mark. *Coase revisited: business groups in the modern economy*. Oxford University Press, 1995.

LETHBRIDGE, E. Tendências da empresa familiar no mundo. *Revista do BNDES*, v. 1, n. 1, p. 185- 199, 1997.

Mendes, Luis Augusto Lobão. Coleção Família e Negócio. *Os desafios da empresa familiar*. Vol. 1. eBook Kindle. 2019.

_____. Coleção Família e Negócio. *Ferramentas e modelos para estruturar a governança corporativa na empresa familiar*. Vol. 2. eBook Kindle, 2019a.

Revista Contabilidade Vista e Revista, ISSN 0103-734X, Universidade Federal de Minas Gerais, Belo Horizonte, V. 28, n. 2, maio/ago. 2017.

GRANOVETTER, Mark. Coase Revisited: Business Groups in the Modern Economy. *Industrial and Corporate Change*, V. 4, n. 1, 1995, p. 93-130, https://doi.org/10.1093/icc/4.1.93

SCHERMERHORN JUNIOR, John R. *Administração*. 5. ed. Rio de Janeiro: Livros Técnicos e Científicos, 1996.

SILVA, Andressa Hennig; TREVISAN FOSSA, Maria Ivete. *A governança corporativa como estratégia de perpetuação da empresa familiar*. XXXII ENCONTRO NACIONAL DE ENGENHARIA DE PRODUCÃO. Disponível em: ‹http://www.abepro.org.br/biblioteca/enegep2012_TN_STO_167_967_19818.pdf›. Acessado em: 12 de jul. 2019.

Capítulo 8
A GESTÃO DAS FINANÇAS DAS EMPRESAS FAMILIARES

"Um passo à frente e você não está mais no mesmo lugar."
Chico Science

Introdução

A gestão financeira, como foi esclarecido no Capítulo 7, tem seu grau de eficiência vinculado ao degrau de maturidade. Portanto, quando se fala das possibilidades de controle financeiro e de cada tipo de acompanhamento, esse fator deve ser levado em consideração.

Partindo do princípio de criação de uma gestão financeira, deve-se considerar o tipo de empresa, sua dimensão, a quantidade de funcionários e a capacidade de geração de receita. Outro fator importante e pouco utilizado é a criação de valor. Uma empresa precisa criar valor para que não gere passivos futuros ou deixe de gerar riqueza para seus sócios. A robustez de suas finanças e seu valor reconhecido pelo mercado são fatores relevantes para seu sucesso.

Este capítulo navega pelos principais conceitos financeiros e pelas dificuldades que as empresas familiares encontram para trabalhá-los de forma consistente.

Uns dos principais pontos a destacar é a questão do sempre deu certo. Na realidade, essa afirmação é verdadeira, considerando as condições passadas, as necessidades que o mercado exigia e a velocidade com que as mudanças ocorriam.

Deve-se avaliar que a velocidade das mudanças é cada vez maior e que a concorrência, que antes estava do outro lado da rua, agora está em qualquer lugar do mundo, acessível por meio de um celular.

Falamos do mundo V.U.C.A. (abordado com mais detalhe no Capítulo 1), importante para entender a necessidade de estruturar uma empresa para que seja flexível o suficiente para continuar no mercado. O significado de V.U.C.A. — volatilidade (*volatility*), incerteza (*uncertainty*), complexidade (*complexity*) e ambiguidade (*ambiguity*) — aumenta a necessidade de preparação das empresas com relação à consistência de seus controles e processos decisórios.

Este capítulo trata das principais ferramentas para acompanhamento e diagnóstico da evolução financeira.

Fluxo de caixa

O que normalmente se encontra em empresas de maturidade inicial é um movimento de caixa, cujo objetivo é o registro do movimento de dinheiro efetuado no dia. Normalmente se define o que pagar após se verificar os saldos existentes. Não há uma gestão preventiva a fim de se adequar os movimentos futuros de entrada e saída de dinheiro, buscando evitar a falta de recursos e a aplicação da sobra de recursos. Essa gestão é possível por meio de um fluxo de caixa.

Para simplificar seu conceito, pode-se definir o fluxo de caixa como a movimentação do dinheiro na empresa, representado por todos os ingressos (entradas) e todos os desembolsos (saídas).

Dois aspectos devem ser considerados para sua gestão: que ele é um efeito dos fatos (causas) na empresa que são definidos por indicadores de atividade (prazos médios) adotados, e pela movimentação financeira destinada a melhorar a performance da empresa.

Essa movimentação financeira pode ser representada por aplicações financeiras, empréstimos, financiamentos e antecipações.

Os aspectos que implicam em uma gestão menos onerosa do caixa se refletem no estabelecimento adequado dos prazos de recebimento e de pagamento, de forma que o saldo de caixa sempre esteja positivo. Sonho e desejo de qualquer empresa.

Essa operação exige um esforço na integração dos processos da empresa junto a definições financeiras que nem sempre se adéquam às demandas de mercado. Por exemplo, reduzir o prazo de vendas para clientes e aumentar o prazo de pagamento para fornecedores.

A gestão onerosa implica em utilização de recursos externos para a cobertura de eventuais saldos negativos, como empréstimos ou antecipações de recebíveis.

Muitas vezes, a melhoria do fluxo de caixa se dá pela melhoria da visão integrada entre os fatos e/ou processos da empresa e o reflexo que eles causam no futuro saldo de caixa.

A ferramenta de orçamento deve ser utilizada para essa gestão, pois a gestão financeira não pode trabalhar apenas com a visão do saldo bancário ou com "o que eu tenho para hoje".

Deve ser elaborada uma visão de curto e médio prazo, pois uma sobra de caixa hoje pode ser a falta para um pagamento daqui a alguns dias. Essa falta de visão pode gerar a utilização desse valor em gastos não previstos, causando a falta de caixa.

Outro fator é que os custos da empresa geram custos de provisões, que não representam desembolsos imediatos, como provisão de férias, provisão de 13º, depreciação e amortização. Valores que, apesar de estarem contidos no valor dos produtos, no curto prazo, podem compor um saldo de caixa.

Onde estão esses valores nas empresas? Na maior parte das vezes, no início do trabalho de análise e estruturação das finanças de uma empresa, não se consegue ver para aonde foram esses valores. E, nesse caso, temos outra gestão necessária para que se facilite o andamento desse caixa: a gestão do capital de giro.

Deve-se diferenciar o "fluxo de caixa" do "movimento de caixa", pois o primeiro reflete a projeção dos valores que devem ocorrer nos períodos estimados, enquanto o movimento de caixa reflete a realização desse movimento.

Para a gestão financeira, os dois têm igual importância com relação à indicação de eficiência da gestão. O "movimento de caixa" do dia anterior deve refletir a realização da programação efetuada do "fluxo de caixa" projetado para esse mesmo dia. Sua consolidação se dá pela confrontação do saldo desse "movimento de caixa" com as somas das disponibilidades financeiras existentes em caixa, bancos e aplicações de curto prazo.

Esse saldo sempre deve ser igual, considerando pequenas diferenças de taxas bancárias ainda não computadas no movimento.

Com vistas a facilitar a visão de um controle de caixa, voltado ao controle financeiro, apresenta-se a Figura 8.1. Sua divisão apresenta três grupos, a saber: os ingressos, os desembolsos e os saldos.

FIGURA 8.1: **Modelo de fluxo de caixa**

MODELO DE FLUXO DE CAIXA									
	Segunda	Terça	Quarta	Quinta	Sexta	Semana X	Semana X+1	Mês X	Mês X+1
INGRESSOS									
Receitas de vendas									
Empréstimos									
Receitas financeiras									
Outras receitas									
Aportes e investimentos									
(1) Total de Ingressos									
DESEMBOLSOS									
Impostos sobre vendas									
Outros impostos e taxas									
Fornecedores									
Funcionários									
Benefícios									
Assessorias e consultorias									
Terceiros									
Aquisição de ativos									
Empréstimos									
Financiamentos									
Despesas financeiras									
Marketing									
Investimentos									
Dividendos e PLR									
(2) Total de Desembolsos									
(3) Saldo do período (1) - (2)									
(4) Saldo inicial									
(5) Saldo final do caixa									

A visão para que sejam selecionadas as contas que devem compor cada um dos grupos tem como ponto a indicação que ela reflete no movimento financeiro, ou seja, se causa um ingresso de recursos ou um desembolso.

Com relação à precisão dos valores no tempo, podemos dividir em três grupos, a saber: valores realizados, valores comprometidos e valores estimados. Os valores comprometidos referem-se a notas fiscais e outros documentos já contabilizados e cadastrados no contas a pagar e a receber.

Os valores comprometidos referem-se a pedidos de compras, pedidos de vendas ou compromissos contratuais a serem realizados no futuro, mas já reconhecidos. Já os valores estimados referem-se a gastos recorrentes cujos valores não se realizaram (folha de pagamento, água, energia etc.), projeções decorrentes do nível de produção (compras) e projeções de vendas.

A representação dos valores existentes em um "fluxo de caixa". Com relação ao tipo de comprometimento, este é representado na Figura 8.2, onde foram destacados vários períodos no tempo. No período "X1", todos os valores de ingressos e desembolsos constantes do "fluxo de caixa" são "valores realizados". No período "X2", os valores são compostos por "realizados" e "comprometidos". No período "X3", a composição é de valores "realizados", "comprometidos" e "estimados". No período "X4", a composição é de valores "comprometidos" e "estimados". E no período "X5", a composição é apenas de valores "estimados".

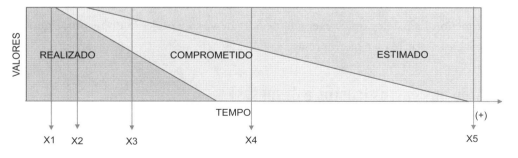

Figura 8.2: **Composição do fluxo de caixa**

Isso indica que, quando mais próximo do dia atual, o "fluxo de caixa" deve apresentar apenas "valores realizados", aumentando a distância da visão atual. O "realizado" vai diminuindo, sendo substituído pelo "comprometido", aumentando a visão projetada, e os "valores estimados" passam a compor os valores, até que, em uma visão de médio e longo prazo, apenas "valores estimados" compõem os valores.

Logicamente que apenas o fluxo de caixa não representa o acompanhamento necessário para que se possa ter a visão ampla das finanças da empresa. Além de administrar o fluxo dos recursos, há a necessidade de entender sua composição. Para que se possa dominar os valores gastos, além dos prazos médios, há a necessidade de efetuar a gestão dos custos e despesas.

Em empresas familiares, principalmente no nível inicial de maturidade, encontra-se uma impressão de domínio sobre os valores de caixa, pelo simples fato de que se controla o dinheiro físico. A projeção de médio e longo prazo não é controlada e acompanhada em qualquer ferramenta.

O que se encontra são pastas de *follow-up*, e outros controles primários que visam encontrar os documentos, e não a projeção de necessidade de caixa. Não há uma visão adequada da dimensão dos gastos fixos e da criação de passivo, seja pela depreciação de bens que terão de ser substituídos ou por valores que gerarão passivos trabalhistas ou tributários.

Algo que se ouve é que há falta recursos para o 13º ou que os impostos estão muito altos. Ambos os valores advêm das operações realizadas pela empresa, ou seja, já deveriam ser conhecidos.

Um exemplo típico que comumente ocorre com funcionários: eles reivindicam aumento salarial, e, quando recebem o aumento, o valor faz com que mudem de faixa na tabela de Imposto de Renda, e, apesar do aumento, o valor líquido recebido passa a ser menor. Esse é um típico exemplo de falta de visão e projeção do futuro, e que em outros casos ocorre com as empresas.

Gestão dos gastos (custos e despesas)

Em uma primeira impressão, pode-se entender que os gastos (custos e despesas), depois de estabelecidos, possam ser estáveis, portanto, não há necessidade de se estabelecer qualquer esforço para essa gestão.

Na verdade, eles não se estabilizam, pois qualquer mudança de processo ou alteração na eficiência faz com que se alterem. O próprio desgaste dos meios aplicados para a geração da produção implica em uma variação. Além disso, a variação nos gastos tem uma tendência ao aumento, seja pela acomodação em seu controle ou por fatores vinculados à inflação ou à escassez de recursos.

As empresas não percebem, muitas vezes, que os gastos estão crescendo dentro da redução ou falta de eficiência.

Nas empresas familiares, ainda podemos ter questões como a mistura dos patrimônios particulares e da empresa, que gera gastos adicionais para esta. Com o aumento da maturidade das empresas, esses gastos adicionais tendem a desaparecer.

Pode-se apontar diversos fatores que influenciam diretamente em aumento de gastos, como:

❐ **Falta de treinamento:** não utiliza os recursos com a capacidade para que ele foi desenvolvido, gasta mais tempo, gera retrabalho e não tem o grau de produtividade esperado;

❐ **Falta de procedimento:** não existe padrão para a execução das tarefas. Por isso, não há como medir melhorias, nem como afirmar o quanto está melhor;

❐ **Acomodação:** a empresa não busca melhoria de processos, a tecnologia muda, os concorrentes se estabelecem em outros patamares e o gasto, que antes era compatível, mesmo sem aumentar, passa a ser grande em comparação com o mercado;

❐ **Falta de definição de objetivos:** como não estão claros os objetivos a serem atingidos, eles mudam com facilidade, desperdiçando recursos;

❐ **Falta de controle:** falta sistemática de controle de gastos, permitindo compras acima das quantidades necessárias, contratações em momento errado ou sem metas e aumento de forma desnecessária do nível de estoque;

❐ **Compras ruins:** falta de critério nas compras, sem busca do melhor preço, e falta de desenvolvimento de fornecedor.

Outros fatores ainda podem ser apontados, entretanto, esses exemplos são suficientes para demonstrar que nem todos os gastos são vistos diretamente pelo movimento financeiro, pois nem sempre têm impacto direto no desembolso.

A empresa não paga a falta de treinamento ou de procedimento, nem acomodação ou falta de objetivo, mas tem um aumento de gasto em função dessas ocorrências. Não há pagamento para a falta de controle ou compras ruins de forma direta, mas esses valores estão embutidos nos gastos das empresas, muitas vezes, sem que seja percebido, tanto pela redução da eficiência como da eficácia.

A gestão estratégica desses valores passa por duas etapas: a melhoria da eficácia e a melhoria da eficiência. A melhoria da eficácia vem primeiro porque está ligada ao planejamento e à definição de objetivos. Para isso, a direção da empresa necessita estabelecer de forma clara suas diretrizes estratégicas, definir seus objetivos e conhecer seus gastos.

Ter diretrizes estratégicas bem definidas como Valores, Visão e Missão, bem como os objetivos estratégicos a serem atingidos no curto e médio prazo, permite que os gestores tenham um melhor foco nas ações do dia a dia, evitando atividades que não sejam importantes para que seja atingido o resultado esperado.

Uma das tarefas e indicadores que apoiam esse conhecimento é o cálculo do ponto de equilíbrio. A partir do momento em que temos o cálculo do ponto de equilíbrio, ou seja, a receita que é necessária para o pagamento de todos os gastos da empresa, pode-se estabelecer uma série de ações, que passam por estabelecimento de metas de gastos e de receitas.

O cálculo do ponto de equilíbrio passa pelo conhecimento da margem bruta utilizada pela empresa. Esse cálculo para um único produto é simples e apresenta a visão necessária para a elaboração do cálculo.

Ocorre que a empresa não tem apenas um produto e que nem sempre as margens aplicadas são iguais para todos os produtos. Portanto, o cálculo e a visão do ponto de equilíbrio sempre serão compostos por uma visão média do mix de produtos comercializados.

O cálculo leva em consideração o peso (participação) que cada produto ou família de produto tem no faturamento total.

No comércio, como é mais claro o custo do produto, ele é representado pelo valor de compra, e o ponto de equilíbrio pode ser calculado levando em consideração esse mix de participação no faturamento total. O valor necessário para que se possa chegar ao cálculo correto é a margem média adotada e o valor dos gastos fixos da empresa.

FIGURA 8.3: **Ponto de equilíbrio**

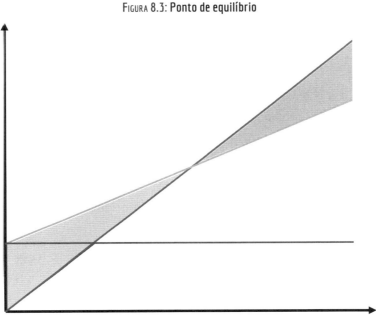

Por exemplo, em uma empresa que tem uma margem média de 20% e um custo fixo de R$50.000,00, dividindo-se R$50.000,00 por 20%, chegamos a uma receita de R$250.000,00 para alcançar o ponto de equilíbrio.

Isso significa que a receita é suficiente para o pagamento de todo o gasto fixo e o pagamento de toda mercadoria entregue para se efetivar a receita. A partir de R$250.000,00, a empresa passa a ter lucro.

Mas isso não significa que foi gerado um "caixa" suficiente para que sejam efetuados os pagamentos do período. Isso dependerá das condições de pagamento e recebimento, os prazos médios, que serão abordados mais adiante. Cada ferramenta de gestão tem seu papel, e o funcionamento conjunto dessas ferramentas é o que proporciona a visão necessária para que o gestor possa administrar com eficácia sua empresa.

Ao se estimar o ponto de equilíbrio, algumas ações podem ser adotadas com maior consistência. Uma delas é a busca da redução do nível (valor) do ponto de equilíbrio.

Essa ação pode ser adotada por meio da redução dos gastos fixos, que, na verdade, é a forma mais fácil de atuação, apesar de nem sempre ser possível. A ação sobre os valores que não estão diretamente ligados à operação apresenta menor esforço e critérios mais simples a serem adotados.

Pode-se realizar isso reduzindo-se o desperdício, agrupando-se atividades e terceirizando-se atividades que demandam grande esforço e têm baixo impacto na atividade fim.

Outra forma é a redução de gastos variáveis. Nesse trabalho, o impacto é maior e depende de uma análise da operação, além de se adotar os devidos cuidados com a qualidade dos produtos. Pode-se alcançar essa redução com investimento em tecnologia e equipamentos, ajustes na operação, qualificação dos funcionários e até pela substituição de matérias-primas.

Em uma terceira forma, a busca por um melhor resultado se dá pelo aumento da margem de contribuição. Nesse caso, o preço do produto no mercado tem de comportar os aumentos necessários para atender a esse requisito. Em um mercado competitivo e estável, essa é a forma mais difícil de se concretizar. A Figura 8.4 demonstra os tipos de alterações.

FIGURA 8.4: Ajustes no ponto de equilíbrio

ITENS DEMONSTRATIVOS DE CUSTO DIRETO	REDUÇÃO DO GASTO FIXO	REDUÇÃO DO GASTO VARIÁVEL	AUMENTO DA MARGEM DE CONTRIBUIÇÃO
(+)RECEITA LÍQUIDA			⬆
(-)GASTO VARIÁVEL		⬇	
(=)MARGEM DE CONTRIBUIÇÃO		⬆	⬆
(-)GASTO FIXO	⬇		
(=)RESULTADO	⬆	⬆	⬆

Cabe salientar que, para a análise do ponto de equilíbrio, se usa a receita líquida, ou seja, a receita sem os impostos de venda.

Os "gastos variáveis" são todos os valores aplicados que variam em função do produto (matéria-prima, mão de obra direta, frete, comissão de vendas).

A "margem de contribuição" refere-se à diferença (sobra) entre a "receita líquida" e os "gastos variáveis", ou seja, quanto a receita contribui para pagamentos dos "gastos fixos" e para o "lucro".

Os "gastos fixos" se referem a todos os demais gastos da empresa que não estão vinculados diretamente ao produto.

A alteração do ponto de equilíbrio

Em condições de crescimento, tem-se uma alteração do gasto fixo, o que, como consequência, desloca o ponto de equilíbrio, conforme a Figura 8.5.

Conforme a figura, pode-se notar que o incremento de valor entre os pontos X^0 e $X^{0'}$ é menor que aquele entre os pontos X^1 e X^2.

Isso significa que a receita necessária para ultrapassar o ponto de equilíbrio em X^2, com o gasto fixo de $X^{0'}$, é maior que o incremento no gasto fixo X^0 para a receita no ponto X^1.

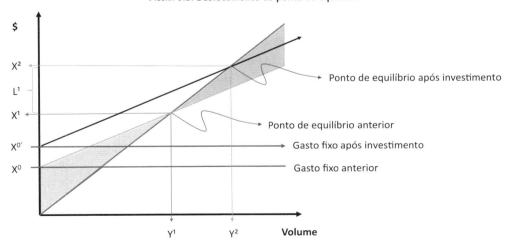

Figura 8.5: Deslocamento do ponto de equilíbrio

Vamos transformar isso em um exemplo numérico, onde:

X^0 = R$45.000,00

$X^{0'}$ = R$60.000,00

O gasto variável (GV) representa 70% da receita.

Esses valores foram atribuídos a fim de demonstração.

Sendo assim, a margem de contribuição (MC) é igual a 30%.

(MC = Receita – GV)

Nesse caso, temos X^1= R\$45.000,00/30% = R\$150.000,00.

Já X^2= R\$60.000,00/30% = R\$200.000,00

Isso significa que, para um incremento no gasto fixo de R\$15.000,00, nesse caso, é necessário um incremento de R\$50.000,00 na receita, para que a empresa continue no ponto de equilíbrio.

Explorando essa hipótese, antes, qualquer valor de receita acima de R\$150.000,00 passava a gerar lucratividade. No novo ponto, a receita precisa estar acima de R\$200.000,00.

A falta de conhecimento e domínio dessa informação faz com que uma empresa que tem cerca de R\$160.000,00 e resolve aumentar a receita, com o incremento de sua estrutura, passa a faturar R\$190.000,00 e a ter prejuízo, em vez de lucro, já que não há o conhecimento de que, para esse nível de gasto fixo, a receita precisa estar acima de R\$200.000,00.

Isso pode ser parte da explicação do porquê de as empresas terem problemas no crescimento. Em boa parte das vezes, elas não estão preparadas para passar por um período de prejuízo após um incremento no gasto fixo até alcançar o novo nível ideal de receita.

Isso também é um reflexo na transição de empresas familiares, onde o fundador, de forma conservadora, se mantém em um limite de gastos fixos e receita que corresponde a uma determinada lucratividade, e quando o sucessor assume e resolve "melhorar o negócio", transita por essa faixa de prejuízo, comprometendo a transição.

O demonstrativo de resultados gerencial

A gestão deve estar focada nos resultados a serem obtidos, e isso deve já estar estruturado na base da criação dos acompanhamentos e registros.

Ducker (2002) afirma que:

> Os resultados são obtidos pela exploração de oportunidades, não pela solução de problemas. Tudo que se pode esperar obter pela solução de um problema é a restauração da normalidade. O máximo que se pode esperar é eliminar uma restrição sobre a capacidade da empresa de obter resultados, que devem vir da exploração de oportunidades.

Na estruturação de um plano de contas, deve-se considerar a apresentação tanto da visão contábil/financeira como a da visão gerencial. Isso possibilita que não haja dois controles a fim de obter os resultados, além de promover a consistência dos dados.

Dentro da abordagem do demonstrativo de resultado, criação do plano de contas, o foco importante a ser adotado é a geração de estruturas que possam mostrar os resultados com o foco na visão de futuro, nas oportunidades que fazem parte dos objetivos de um planejamento estratégico.

Na transição do DRE contábil para o DRE gerencial, valores de custo e vendas referentes a gastos indiretos passam a ser computados no gasto fixo.

Com relação às despesas operacionais, é necessário identificar quais valores são vinculados à comercialização do produto, como comissões de vendas e fretes, por exemplo. Isso ocorre devido ao conceito contábil de que, após terminado o produto, nenhum custo pode ser atribuído a ele.

Entretanto, para efeito de avaliação gerencial, existem gastos efetuados após o produto acabado que são vinculados a sua negociação e, portanto, fazem parte de seu gasto variável. A Figura 8.6 mostra as possibilidades da transição.

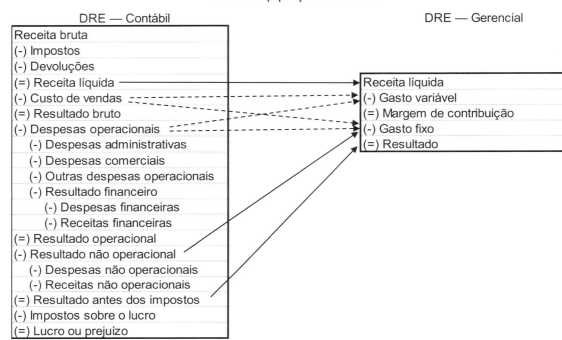

Figura 8.6: Equiparação entre os DREs

O desenho da estrutura de gestão financeira, incluindo a contábil, deve permitir, com os mesmos dados, diferentes visões. Por exemplo, além do DRE contábil e do gerencial, é possível ver por grupo de produto, por projeto, por centro de resultado etc.

Conhecendo a base de gastos da empresa, o próximo passo é conhecer os resultados e focar as projeções, olhar para o futuro.

Com o conhecimento da estrutura de gastos, a avaliação dos resultados passa a ser vista como uma análise dos processos que ocorreram no período anterior. O foco não é apenas verificar se ocorreu lucro ou prejuízo, e, sim, se as metas de gastos e receitas foram atingidas.

A forma como se avalia e se utiliza o Demonstrativo de Resultados (DRE) é fundamental para o alcance das metas e dos objetivos. Não se deve esquecer que o DRE advindo do balanço é uma fotografia do passado, mas apresenta os dados necessários para uma avaliação do que foi realizado no período em foco.

A utilização gerencial do DRE demanda a criação de uma estrutura no plano de contas para que se possa fazer uma avaliação focada em cada objetivo a ser atingido. Sendo o setor produtivo divido em mais de um centro de custo ou departamento, essa divisão deve ser refletida no plano de contas, no grupo de contas de resultado, a fim de facilitar e propiciar uma apuração mais precisa dos valores a serem agregados a cada etapa de produção. A criação de rotinas de rateio dos valores deve ser avaliada, em função de que ela possibilita a distorção dos valores a serem apropriados aos produtos. Portanto, sua utilização deve levar em consideração questões de "materialidade", onde o custo da melhor alocação do valor inviabiliza seu detalhamento.

Essa estruturação deve ser vista de modo padronizado em todos os sistemas de controle e de apuração de valores que a empresa utiliza.

O trabalho se inicia na criação de um organograma, em um desenho que represente as estruturas físicas e o agrupamento dos valores, seja por setores, atividades ou competências. Essa mesma estrutura deve ser aplicada ao sistema de Recursos Humanos, mais especificamente à folha de pagamento, e finalmente às contas contábeis que resultam no DRE.

Portanto, se há dúvida na formação de algum valor, basta buscar seu detalhamento na folha de pagamento. E o total de cada divisão da folha de pagamento corresponde ao valor gerado para a estrutura orgânica (organograma) e para as contas de resultado.

Cabe acrescentar que, ao elaborar uma estrutura de demonstração de resultados, deve-se conhecer o melhor modo pelo qual as empresas familiares conseguem entender os resultados.

Não se trata de distorcer os demonstrativos utilizados, mas, sim, já que os gestores não são especialistas financeiros, verificar como os dados podem ser demonstrados a fim de que ocorra a compreensão correta das informações geradas.

Gestão do ciclo operacional

O entendimento e monitoramento do ciclo operacional da empresa se torna importante devido a ser, segundo Braga (2008), "o intervalo de tempo compreendido desde a compra das mercadorias ou dos materiais de produção até o recebimento da venda". Por meio do ciclo operacional, de acordo com Padoveze e Benedicto (2010), são "definidas todas as fases operacionais existentes no interior da empresa, que vão desde a aquisição de matérias-primas para a produção até o recebimento das vendas realizadas".

Acrescenta-se a definição dada por Hessel Junior (2011): "o ciclo operacional muda em função da atividade e das características de desempenho de cada empresa, ele representa o espaço de tempo em que não ocorrem entradas de recursos financeiros na empresa, demandando-se capital para utilizá-lo."

Pode-se resumir que o ciclo operacional se refere à quantidade de tempo que uma empresa demora a concluir toda uma etapa de seu objetivo. No caso de um comércio, conforme a Figura 8.7, após adquirir a mercadoria, quanto tempo ela fica estocada disponível para venda, e, após vendida, em quanto tempo o recurso é recebido.

FIGURA 8.7: Ciclo operacional do comércio

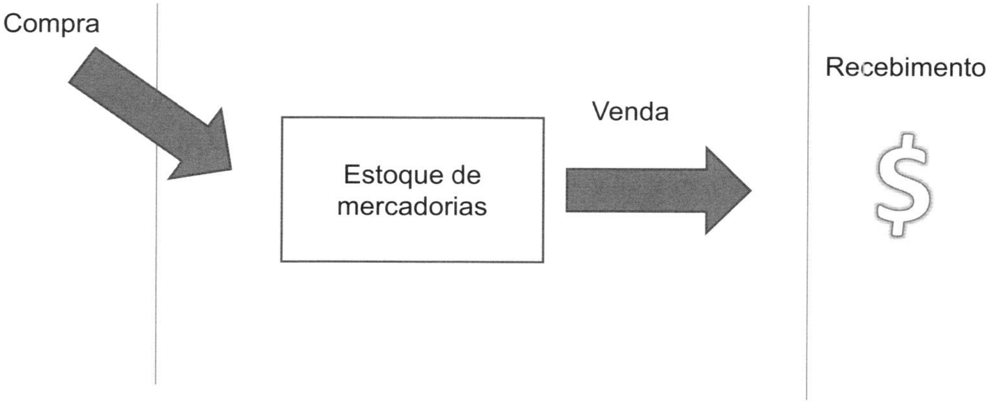

No caso da indústria, conforme a Figura 8.8, após a aquisição da matéria-prima, quanto tempo ela fica disponível até ser utilizada na produção, quanto tempo a produção leva para entregar o produto acabado, quanto tempo esse produto demora para ser vendido e quando ele é recebido.

FIGURA 8.8: Ciclo operacional industrial

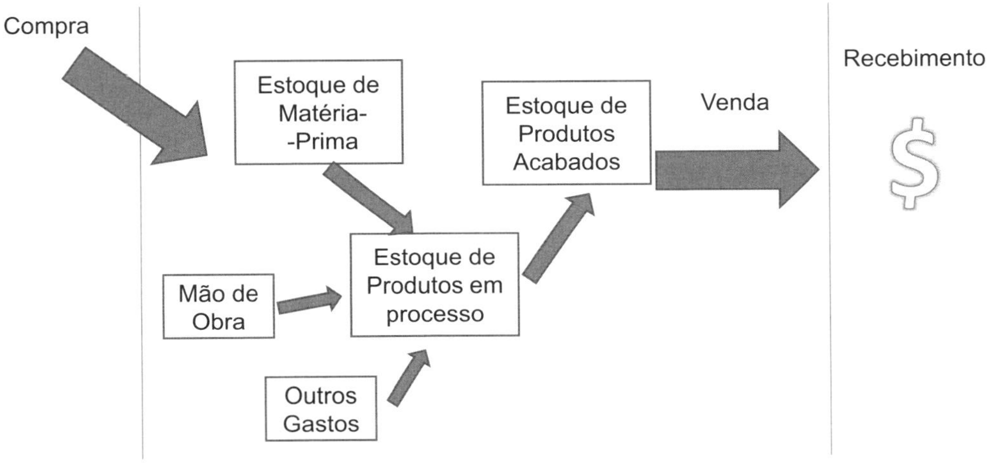

A velocidade com a qual pode ocorrer o ciclo operacional representa o giro da empresa. De acordo com Padoveze (2012), a caracterização do capital de giro se faz pela dinâmica dos processos de comprar, produzir, vender e receber, gerando o lucro empresarial.

A medida do lucro também pode ser avaliada pelo giro. A análise do giro pode ser feita pela seguinte composição: se em um mês eu ganho 10% de um produto que gira uma vez, o total de meu ganho é de 10%; se o mesmo item tiver uma margem de 3% e o giro for de 5 vezes, meu ganho é de 15%. Portanto, a velocidade do giro interfere em meu resultado.

Com relação ao capital de giro, se a velocidade é maior, significa que o recurso retornará em menor tempo. Portanto, na soma das sobreposições dos ciclos que a empresa tem, ela precisará de um volume menor de recursos, pois é mais eficiente. Caso o giro seja menor, a necessidade de capital de giro será maior.

A composição de ciclo operacional e do ciclo financeiro demonstra a gestão que deve ser feita para a adequação do nível de capital de giro.

Para melhor entendimento do ciclo financeiro, e mesmo para a composição do ciclo operacional, temos a Figura 8.9, que mostra que o ciclo operacional do comércio é composto pelo prazo médio de estoque + prazo de contas a receber. Nesse caso, o ciclo financeiro é composto pela diferença entre o ciclo operacional e o prazo médio de pagamentos.

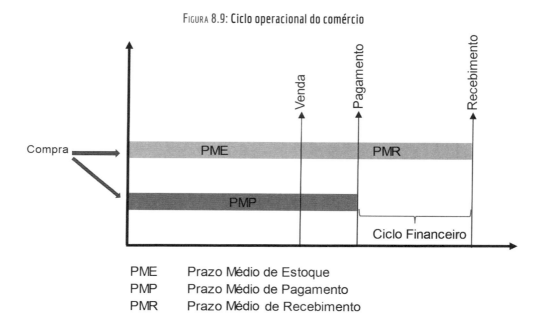

Figura 8.9: Ciclo operacional do comércio

PME   Prazo Médio de Estoque
PMP   Prazo Médio de Pagamento
PMR   Prazo Médio de Recebimento

Para Assaf Neto e Silva (2009), "o ciclo financeiro está associado ao ciclo operacional, porém, dependendo dos negócios da empresa, haverá uma descontinuidade financeira". Isso significa o momento em que são feitos desembolsos sem que os respectivos ingressos ocorram.

O ciclo financeiro corresponde ao tempo médio de que a empresa precisa para financiar a operação, já que o desembolso (pagamento da compra) ocorre antes do ingresso (recebimento da venda).

Esse mesmo ciclo na indústria apresenta um número maior de variáveis a serem tratadas. Devido ao período necessário para a fabricação do produto e à estocagem do produto acabado a fim de ser disponibilizado para a venda, o ciclo operacional normalmente é maior e mais complexo de ser reduzido.

Isso provoca um ciclo financeiro ainda maior, aumentando a necessidade de capital.

A quantidade de variáveis de uma indústria para que se possa encontrar um ciclo operacional adequado ao fluxo de caixa e nível de capital de giro é mais complexo.

Quando se fala de giro, estamos falando dos componentes e do ciclo operacional. Quanto menor for esse ciclo, mais próximo ele estará do prazo médio de pagamento, reduzindo o ciclo financeiro, ou seja, a necessidade de caixa. Se o ciclo operacional chegar a ser menor que o PMP, teremos a necessidade de caixa negativa. Isso quer dizer que a operação se autofinancia, sem necessidade de busca de caixa para ela.

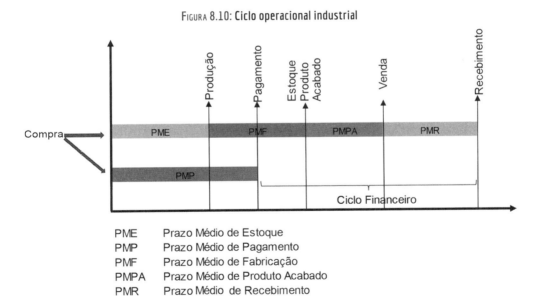

FIGURA 8.10: **Ciclo operacional industrial**

PME   Prazo Médio de Estoque
PMP   Prazo Médio de Pagamento
PMF   Prazo Médio de Fabricação
PMPA   Prazo Médio de Produto Acabado
PMR   Prazo Médio de Recebimento

Controle do capital de giro

Como foi destacado no item anterior, a gestão do capital de giro é importante para que se possa entender os valores financeiros necessários à gestão da empresa.

Contabilmente, aprende-se que o capital de giro é o tamanho correspondente ao ativo circulante (Figura 8.11). Portanto, medir o tamanho do ativo circulante dá a dimensão do capital de giro necessário. Isso pode ocorrer se o olhar for para o passado.

FIGURA 8.11: Balanço patrimonial

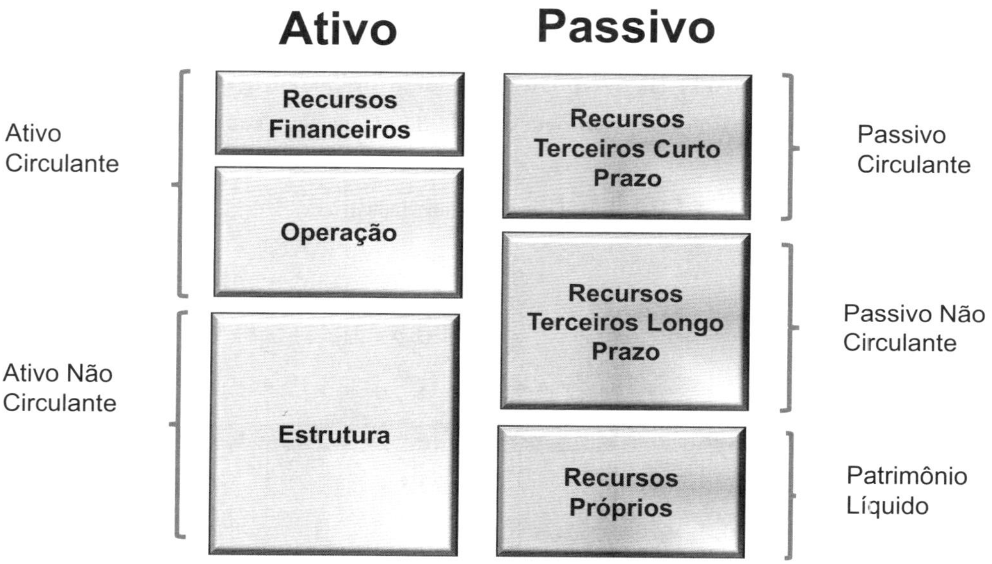

O ativo circulante representa a operação da empresa. Em uma representação financeira, temos nesse grupo contábil as disponibilidades, que são compostas de valores que posso facilmente utilizar para a movimentação financeira, como dinheiro em caixa, saldo nas contas bancárias e aplicações de curto prazo. O outro grupo é composto pela operação onde constam as contas a receber e o estoque.

O estoque para uma empresa comercial é fácil de representar. Já para uma indústria, pode-se dividi-lo em três tipos: o estoque de matéria-prima, onde estão os materiais a serem transformados; o estoque de produtos em processo ou fabricação, que representa todos os valores da área de produção, pois agrega os valores de matéria-prima em transformação, mão de obra sendo aplicada e gastos indiretos de fabricação; e o estoque de produtos acabados, disponibilizados para a operação de vendas.

Para que esse ciclo funcione de forma adequada, é necessária uma quantidade de capital investido, que pode estar em moeda corrente, em estoque ou em direitos a receber. A soma de todos esses valores representa o capital de giro.

Quando se fala em fatores que causam a falta de caixa, ou seja, a falta de recursos suficientes para o capital de giro necessário, existem dois itens que chamam a atenção: falta de vendas e vendas em excesso.

Portanto, se a empresa vender menos do que a quantidade para a qual está preparada, terá problema de capital de giro, provavelmente porque os estoques não se transformarão em direitos a receber e, consequentemente, em disponibilidades.

Já no caso do excesso de vendas, a necessidade de formação de estoque está além da capacidade de disponibilidades existentes, provocando compromissos para os quais os recursos não chegarão dentro do tempo esperado, causando falta de caixa.

É claro que oscilações de curto prazo têm pequenos reflexos que podem ser contornados, entretanto, a persistir a situação, a falta de capital de giro será sentida.

Isso aponta para a necessidade de gestão do capital de giro, que, em outras palavras, é a gestão do tamanho da operação da empresa e de seu volume de vendas.

Portanto, para apoio a uma boa gestão do fluxo de caixa, também é necessária a gestão do capital de giro, que basicamente se reflete no tamanho da operação que a empresa quer ter e no volume de vendas que ela deseja atingir.

Essa é a medida a ser utilizada para saber a necessidade financeira de cada momento da empresa.

Além do tamanho, outro fator influencia diretamente o volume do capital de giro e o fluxo de caixa. Na Figura 8.12, que representa o ciclo, pode-se agregar outra variável que se traduz na velocidade desse giro.

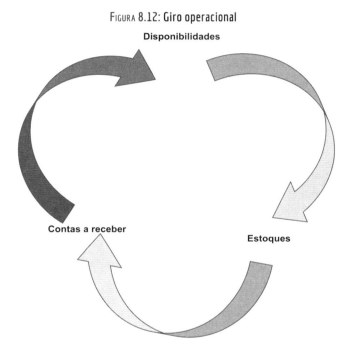

Figura 8.12: Giro operacional

Agora é com você!

Estime seu ponto de equilíbrio para que possa aprimorar seu processo de decisão. Dois dados são importantes para essa primeira estimativa, a "margem bruta média" que a empresa aplica aos seus produtos, e o valor estimado dos "gastos fixos". Esse valor é uma estimativa inicial para que, com maior detalhe e rigor, você possa aprimorar seus controles. Lembre-se de que o período mínimo de cálculo de um ponto de equilíbrio é mensal, e isso se deve aos valores correspondentes à folha de pagamento. Lembre-se também de que o resultado do cálculo deve ser a receita líquida, ou seja, a receita sem impostos de venda. Apurado o valor do "gasto fixo", por exemplo R$250.000,00 e a "margem bruta média", por exemplo, 30%, teremos:

"Receita no ponto de equilíbrio = Gasto fixo/Margem bruta média"

No exemplo oferecido, a: Receita no ponto de equilíbrio = R$250.000,00/30%

Receita no ponto de equilíbrio = R$833.333,33

Caso você queira saber outro valor com determinada lucratividade final, some o valor do lucro desejado com o "gasto fixo". Com o exemplo anterior e um lucro = $100.000,00:

"Receita com lucro = (Gasto fixo + Lucro)/Margem bruta média"

No exemplo oferecido, a: Receita com Lucro = (R$250.000,00+$100.000,00)/30%

Receita no ponto de equilíbrio = R$1.166.666,67

Utilize os dados de sua empresa e estime seus valores.

Lições aprendidas

A gestão financeira baseada na administração do movimento financeiro e dos resultados propicia a visão adequada para o acompanhamento do capital de giro necessário ao funcionamento operacional da empresa. O uso das ferramentas que possam diagnosticar a situação e gerar indicadores para que se possa verificar o desenvolvimento entre períodos determinados é fundamental para que se possa implementar esses procedimentos, assim como a realização de um processo de desenvolvimento da empresa familiar que tenha o foco de atendimento aos três pilares: família, patrimônio e negócio.

Bibliografia

ASSAF NETO, Alexandre; SILVA, César Augusto Tibúrcio. *Administração de capital de giro*. 3. ed. São Paulo: Atlas, 2009.

BRAGA, Roberto. *Fundamentos e técnicas de administração financeira*. São Paulo: Atlas, 2008.

Ducker, Peter Ferdinand. *Administração para obter resultados*. Tradução de Nivaldo Montigelli Jr. São Paulo: Pioneira Thomson Learning, 2002.

HESSEL JÚNIOR, Ademar Luiz. *Análise da situação financeira de uma empresa de pequeno porte — Estudo de caso*. Universidade Federal do Rio Grande do Sul. Disponível em: ‹https://lume.ufrgs.br/handle/10183/36729›. Acessado em: 28 de jul. 2019.

PADOVEZE, Clóvis Luís; BENEDICTO, Gideon Carvalho de. *Análise das demonstrações financeiras*. 3. ed. rev. e ampl. São Paulo: Cengage Learning, 2010.

_____. *Contabilidade gerencial*. Curitiba: IESDE, 2012.

Capítulo 9
A GERAÇÃO E PERDA DE VALOR NAS EMPRESAS FAMILIARES

*"Se você encontrar um caminho sem obstáculos,
ele provavelmente não leva a lugar nenhum."*

Frank Clark

Introdução

A gestão financeira também tem a dimensão de criação de valor, ou seja, do patrimônio da empresa. Nem todas as operações realizadas na empresa ou todas as decisões geram aumento do valor da empresa. Esse é outro foco que deve ser analisado nas empresas.

Em muitos casos, atividades que poderiam virar patrimônio são lançadas como despesa, ou seja, colocadas para resultado, reduzindo o lucro.

As emoções da família com a gestão no negócio nem sempre levam em consideração a valorização do patrimônio da empresa e o retorno que ela dá.

Muitas vezes, a remuneração propiciada para os gestores da família que ocupam funções na empresa parece ser suficiente para o resultado e é vista como resultado da empresa. Cabe salientar que, se eles não ocupassem essas funções, outras pessoas precisariam ser contratadas, e, portanto, essa remuneração não iria para a família.

Na verdade, temos de observar o valor da remuneração do capital investido e a valorização do patrimônio. Por exemplo, se compramos um imóvel para investimento, queremos que o aluguel seja o de valor de mercado e justo (isso pode corresponder à remuneração), mas se ao final de um período o investidor for negociar o imóvel e sua valorização for abaixo do valor de mercado, ele não ficará satisfeito com o negócio.

Outra forma de demonstrar a questão de criação de valor são os investimentos efetuados na empresa. É um valor que deve ser agregado ao patrimônio sem que seja consumido ou diluído, gerando perda de valor. A análise do valor de depreciação x manutenção de um equipamento é um bom exemplo.

Observando a utilização de uma frota, uma empresa pode adquirir veículos com desconto de até 30%. Esses veículos têm garantia de 1 a 3 anos, e o seguro chega a custar cerca de 5% do valor do veículo.

Se esse veículo for vendido após um ano, pode-se conseguir o mesmo preço de venda no mercado, correspondente ao valor pago. Isso zeraria o valor investido, com um retorno de 100%, mas temos o seguro de 5%.

Em contrapartida, temos a depreciação de 20%. Mesmo ocorrendo um ganho na venda, essa operação terá um saldo positivo.

A avaliação de cada investimento na empresa deve ser feita em função do retorno e do valor que ele agrega ao patrimônio.

Não é o objetivo desse capítulo levar o leitor a entender cálculos financeiros complexos, mas, sim, demonstrar a importância de utilização de processos que incorporem esses conceitos à decisão.

Mensuração do patrimônio

Outro ponto de destaque a ser trabalhado nas empresas, principalmente nas empresas familiares, é a mensuração do patrimônio (ativo não circulante).

Pela forma que ocorre o início de seu ciclo de vida, que advém, em boa parte das vezes, do esforço de um ou mais familiares, os valores correspondentes ao seu patrimônio não são adequadamente mensurados.

Por exemplo, uma fábrica criou um novo processo para um novo produto, e por isso montou todos seus equipamentos a partir de materiais diversos comprados em lojas, depósitos etc., utilizando a própria mão de obra para a montagem dos equipamentos.

Pois bem, para aonde foi o valor desses equipamentos? Provavelmente não foi contabilizado como ativo. Pode ter sido contabilizado como despesa ou até mesmo não ter sido contabilizado.

As empresas não estão acostumadas a criar processos de mensuração de seus ativos, e, portanto, eles acabam ficando sem valor ou mesmo com valores insignificantes.

Para operacionalizar um equipamento adquirido, muitas algumas vezes é necessário fazer uma obra de adequação das instalações. Além das obras, também pode ser necessária a contratação de técnicos para que o equipamento possa operar. Pois bem, todos esses valores deveriam fazer parte do valor do ativo: a obra e a mão de obra.

A falta de mensuração desses valores faz com que os custos de produção aparentemente sejam menores do que realmente são.

Outro exemplo que podemos destacar são as instalações físicas de uma fábrica, como instalações elétricas, de água etc. Todas essas compõem um ativo que deve ser contabilizado.

O destaque para a mensuração é a confusão entre o que pode ser "ativado" ou o que é apenas uma manutenção.

Pela ausência de processos, o que acaba ocorrendo é que todos os valores são lançados como despesa de manutenção. Sabe-se que a distinção muitas vezes não é tão clara.

Usualmente, as indústrias utilizam o termo "modernização do equipamento" para os gastos que deveriam ser utilizados para serem ativados.

No comércio também, encontramos essa dificuldade de mensuração, mas talvez em menor volume. O que ocorre é que entramos em uma loja, cheia de lindas prateleiras, divisões, balcões, que na maior parte das vezes foram feitos por um marceneiro. Mas o valor disso tudo não é ativado, contabilizado como um bem.

Quando o regime de enquadramento tributário de uma empresa não é o lucro real, aumentar ou não as despesas não tem reflexo sobre o valor dos impostos, visto que a tributação incide sobre a receita. Portanto, o maior cuidado em imobilizar um patrimônio, gerando valor para a empresa, não concorre com a possibilidade de aumentar as despesas. Logicamente, isso se dá em condições em que a caracterização pode ser uma escolha da gestão.

Valor do intangível

No Brasil, o grupo de intangível foi criado pela Lei nº 11.638, (Brasil, 2019), e no pequeno período em que a legislação está em vigor, temos poucos registros desses valores.

> Art. 178. No balanço, as contas serão classificadas segundo os elementos co patrimônio que registrem, e agrupadas de modo a facilitar o conhecimento e a análise da situação financeira da companhia.
> § 1º No ativo, as contas serão dispostas em ordem decrescente de grau de liquidez dos elementos nelas registrados, nos seguintes grupos:
> I – ativo circulante; e (Incluído pela Lei nº 11.941, de 2009)
> II – ativo não circulante, composto por ativo realizável a longo prazo, investimentos, imobilizado e intangível. (Incluído pela Lei nº 11.941, de 2009)
> Art. 179. As contas serão classificadas do seguinte modo:
> VI – no intangível: os direitos que tenham por objeto bens incorpóreos destinados à manutenção da companhia ou exercidos com essa finalidade, inclusive o fundo de comércio adquirido. (Incluído pela Lei nº 11.638,de 2007)
> Parágrafo único. Na companhia em que o ciclo operacional da empresa tiver duração maior que o exercício social, a classificação no circulante ou longo prazo terá por base o prazo desse ciclo.

Nesse grupo de "patrimônio", temos a maior perda de valor, pela falta de registro adequado da mensuração do valor desses bens. Quantas empresas têm um software de gestão e nenhum registro de seu valor no balanço?

Assim como algumas vezes ocorre com o ativo imobilizado elaborado na empresa, temos a questão dos ativos intangíveis. A falta de cultura de preservação de conhecimento ou até de gestão leva ao não registro desses valores.

O Comitê de Pronunciamento Contábil expediu a norma CPC-04, que fala exclusivamente da mensuração do intangível.

Apesar na norma, a "gestão de conhecimento" é o processo que permite identificar e mensurar os bens intangíveis.

De acordo com a CPC-04 (2019):

> 4. Um ativo é identificável na definição de um ativo intangível quando:
> (a) for separável, isto é, capaz de ser separado ou dividido da entidade e vendido, transferido, licenciado, alugado ou trocado, seja individualmente ou em conjunto com um contrato, ativo ou passivo relacionado; ou
> (b) resultar de direitos contratuais ou de outros direitos legais, quer esses direitos sejam transferíveis quer sejam separáveis da entidade ou de outros direitos e obrigações.
> 5. Um ativo intangível deve ser reconhecido somente quando:
> (a) for provável que os benefícios econômicos futuros esperados atribuíveis ao ativo serão gerados em favor da entidade; e
> (b) o custo do ativo possa ser mensurado com segurança.

A patente que se refere à proteção do conhecimento adquirido é uma das provas de que apropriamos poucos valores de intangíveis.

Cabe acrescentar que o conceito de intangível não abrange apenas ativos não circulantes, mas também produtos comercializados, ou seja, os serviços.

Para se ter uma ideia de dimensão, de acordo com o Relatório da World Intellectual Property Organization (WIPO) (2019), "o número de patentes concedidas em todo o mundo aumentou rapidamente nos últimos anos. Em 2016, cerca de 1,35 milhão de patentes foram concedidas, 8,9% a mais que em 2015. Só a Ásia recebeu mais de 2 milhões de pedidos em um único ano".

O mesmo relatório comenta:

> O escritório de patentes brasileiro conta com 201 examinadores e processou em 2016 um total de 22.401 pedidos, dos quais 4.228 foram concedidos, 2.371 rejeitados, 15.442 retirados ou abandonados. No mesmo período, o escritório de patentes do Japão, que conta com 1.702 examinadores processou 254.678 pedidos, dos quais 191.032 foram concedidos, 58.638 rejeitados, 5.008 foram retirados ou abandonados, com tempo de pendência de 9,5

> meses. Nos Estados Unidos, 8.279 examinadores examinaram 932.786 pedidos em 2016, sendo 303.049 concedidos, 484.479 rejeitados, 145.258 retirados ou abandonados, com tempo de pendência estimado de 15,9 meses. (WIPO, 2017)

Cabe esclarecer que a patente é apenas um passo para a proteção do patrimônio da empresa. Mas, mesmo nesses casos, quanto verificamos o valor acumulado para a criação do conhecimento, esse valor é muito próximo de zero.

Na verdade, na maior parte das vezes, os processos para que os valores sejam mensurados já existem nas empresas, mas não são aplicados para a criação de intangíveis.

O conceito de criação de valor na cultura da empresa é preponderante para que ela passe a valorar de forma adequada todos os ativos criados, sejam eles direcionados à operação (produtos e serviços), ou bens tangíveis e intangíveis.

Um fator que indica a cultura de criação de valor é o balanço social, o qual algumas empresas brasileiras já começam a publicar.

Segundo o Portal de Contabilidade (2019):

> **Balanço Social** é um conjunto de informações demonstrando atividades de uma entidade privada com a sociedade que a ela está diretamente relacionada, com objetivo de divulgar sua gestão econômico-social, e sobre o seu relacionamento com a comunidade, apresentando o resultado de sua responsabilidade social.

O balanço social é uma ferramenta importante para demonstrar o quanto de valor a empresa gera para a sociedade e, consequentemente, para a comunidade em que está inserida.

Remuneração, treinamentos e benefícios são itens que estão nessa demonstração. Fazem parte também o perfil de formação do corpo de colaboradores, bem como a idade média e o tempo de vínculo com a empresa. Isso permite a criação de outros indicadores que podem apoiar o processo decisório em processos de mudança.

Figura 9.1: Balanço social Embraer

Balanço Social Anual - Controladora

1 - Base de cálculo		2015 Valor (Mil reais)			2014 Valor (Mil reais)	
Receita líquida (RL)		15.125.054			10.846.351	
Resultado operacional (RO)		241.601			796.085	
Folha de pagamento bruta (FPB)		2.282.515			2.058.643	
2 - Indicadores sociais internos	Valor (mil)	% sobre FPB	% sobre RL	Valor (mil)	% sobre FPB	% sobre RL
Alimentação	29.940	1,31%	0,20%	29.724	1,44%	0,27%
Encargos sociais compulsórios	356.425	15,62%	2,36%	359.781	17,48%	3,32%
Previdência privada	68.956	3,02%	0,46%	63.106	3,07%	0,58%
Saúde	121.458	5,32%	0,80%	113.678	5,52%	1,05%
Segurança e saúde no trabalho	21.737	0,95%	0,14%	15.643	0,76%	0,14%
Educação	471	0,02%	0,00%	498	0,02%	0,00%
Cultura	365	0,02%	0,00%	186	0,01%	0,00%
Capacitação e desenvolvimento profissional	17.791	0,78%	0,12%	12.160	0,59%	0,11%
Creches ou auxílio-creche	1.287	0,06%	0,01%	1.144	0,06%	0,01%
Participação nos lucros ou resultados	89.462	3,92%	0,59%	97.475	4,73%	0,90%
Outros	59.940	2,63%	0,40%	48.663	2,36%	0,45%
Total dos indicadores sociais internos	767.832	33,64%	5,08%	742.058	36,05%	6,84%
3 - Indicadores sociais externos	Valor (mil)	% sobre RO	% sobre RL	Valor (mil)	% sobre RO	% sobre RL
Educação	20.468	8,47%	0,14%	19.945	2,51%	0,18%
Cultura	0	0,00%	0,00%	0	0,00%	0,00%
Saúde e saneamento	0	0,00%	0,00%	0	0,00%	0,00%
Esporte	0	0,00%	0,00%	0	0,00%	0,00%
Combate à fome e segurança alimentar	55	0,02%	0,00%	51	0,01%	0,00%
Outros	1.149	0,48%	0,01%	745	0,09%	0,01%
Total das contribuições para a sociedade	21.672	8,97%	0,15%	20.741	2,61%	0,19%
Tributos (excluídos encargos sociais)	685.172	283,60%	4,53%	412.829	51,86%	3,81%
Total dos indicadores sociais externos	706.844	292,57%	4,68%	433.570	54,46%	4,00%
4 - Indicadores ambientais	Valor (mil)	% sobre RO	% sobre RL	Valor (mil)	% sobre RO	% sobre RL
Investimentos relacionados com a produção / operação da empresa	15.876	6,57%	0,10%	12.806	1,61%	0,12%
Investimentos em programas e/ou projetos externos	3.509	1,45%	0,02%	0	0,00%	0,00%
Total dos investimentos em meio ambiente	19.385	8,02%	0,12%	12.806	1,61%	0,12%
Quanto ao estabelecimento de "metas anuais" para minimizar resíduos, o consumo em geral na produção/ operação e aumentar a eficácia na utilização de recursos naturais, a empresa	( ) não possui metas ( ) cumpre de 0 a 50% ( ) cumpre de 51 a 75% (X) cumpre de 76 a 100%			( ) não possui metas ( ) cumpre de 0 a 50% ( ) cumpre de 51 a 75% (X) cumpre de 76 a 100%		
5 - Indicadores do corpo funcional		2015			2014	
Nº de empregados (as) ao final do período		17.007			17.094	
Nº de admissões durante o período		827			788	
Nº de empregados (as) terceirizados (as)		3.935			3.227	
Nº de estagiários (as)		336			337	
Nº de empregados (as) acima de 45 anos		3.104			3.055	
Nº de mulheres que trabalham na empresa		2.519			2.523	
% de cargos de chefia ocupados por mulheres		10,51%			10,58%	
Nº de negros (as) que trabalham na empresa		889			829	
% de cargos de chefia ocupados por negros (as)		2,60%			2,67%	
Nº de pessoas com deficiência ou necessidades especiais		755			709	
6 - Informações relevantes quanto ao exercício da cidadania empresarial		2015			Metas 2016	
Relação entre a maior e a menor remuneração na empresa		49			Não há meta	
Número total de acidentes de trabalho		191			166	
Os projetos sociais e ambientais desenvolvidos pela empresa foram definidos por:	( ) direção	(X) direção e gerências	( ) todos (as) empregados (as)	( ) direção	(X) direção e gerências	( ) todos (as) empregados (as)
Os padrões de segurança e salubridade no ambiente de trabalho foram definidos por:	( ) direção e gerências	( ) todos (as) empregados (as)	(X) todos (as) + Cipa	( ) direção e gerências	( ) todos (as) empregados (as)	(X) todos (as) + Cipa
Quanto à liberdade sindical, ao direito de negociação coletiva e à representação interna dos (as) trabalhadores (as), a empresa	( ) não se envolve	( ) segue as normas da OIT	(X) incentiva e segue a OIT	( ) não se envolverá	( ) seguirá as normas da OIT	(X) incentivará e seguirá a OIT
A previdência privada contempla:	( ) direção	( ) direção e gerências	(X) todos (as) empregados (as)	( ) direção	( ) direção e gerências	(X) todos (as) empregados (as)
A participação dos lucros ou resultados contempla:	( ) direção	( ) direção e gerências	(X) todos (as) empregados (as)	( ) direção	( ) direção e gerências	(X) todos (as) empregados (as)
Na seleção dos fornecedores, os mesmos padrões éticos e de responsabilidade social e ambiental adotados pela empresa:	( ) não são considerados	(X) são sugeridos	( ) são exigidos	( ) não serão considerados	(X) serão sugeridos	( ) serão exigidos
Quanto à participação de empregados (as) em programas de trabalho voluntário, a empresa:	( ) não se envolve	( ) apoia	(X) organiza e incentiva	( ) não se envolverá	( ) apoiará	(X) organizará e incentivará
Número total de reclamações e críticas de consumidores:	na empresa _____	no Procon _____	na Justiça _____	na empresa _____	no Procon _____	na Justiça _____
% de reclamações e críticas atendidas ou solucionadas:	na empresa _____%	no Procon _____%	na Justiça _____%	na empresa _____%	no Procon _____%	na Justiça _____%
Valor adicionado total a distribuir (em mil R$):		Em 2015: 4.457.294			Em 2014: 3.969.878	
Distribuição do Valor Adicionado (DVA):		24,16% governo | 54,96% colaboradores (as) 2,07% acionistas | 15,46% terceiros | 3,35% retido			18,46% governo | 49,99% colaboradores (as) 5,40% acionistas | 11,49% terceiros | 14,66% retido	

Fonte: Embraer (2019).

O balanço social da Embraer (Figura 9.1) é um modelo que demonstra os dados que normalmente são utilizados para essa publicação.

Apesar desse modelo, algumas empresas, como a Natura, têm apresentado esse balanço social em forma de relatório, agregando o tema sustentabilidade.

Independentemente da forma utilizada para sua apresentação, o balanço social representa uma demonstração da criação de valor e da cultura da empresa na preocupação com o ambiente em que está sediada.

A criação de valor

A criação de valor tem foco na remuneração do capital, que também deve ser uma forma de se avaliar a quantidade de investimento na empresa, bem como a decisão sobre a distribuição de lucros.

Com relação ao lucro, o indicador mais avaliado é o de qual é a margem líquida sobre a receita obtida. Essa é uma avaliação importante, pois essa margem deve permitir a sobrevivência da empresa.

Ocorre que o lucro também é a remuneração do capital, portanto, além da margem líquida, ele deve ser avaliado com relação ao montante investido pelos sócios no negócio.

Até a alteração da lei das S.A., pela Lei n. 11638/2007 (Brasil, 2019), descrita no pronunciamento técnico 13 do Comitê de Pronunciamento Contábil (CPC), não existia a obrigação de se definir a destinação dos lucros da empresa.

Era normal se encontrar a conta de lucros acumulados em valores até maiores que do próprio capital social.

O CPC 13 (2019) cita:

> 43. Na elaboração das demonstrações contábeis ao término do exercício social em que adotar pela primeira vez a Lei n° 11.638/07, a administração da entidade deve propor a destinação de eventuais saldos de lucros acumulados existentes.

Devido ao acúmulo de valores sem destinação na época da publicação da lei, muitas organizações optaram pela incorporação desse saldo ao capital social, no lugar de se optar pela distribuição, já que, por falta de recursos monetários, esta acabaria sendo contabilizada como lucro a pagar, no passivo, influenciando os indicadores de liquidez.

Mesquita (2019), em artigo para o Administradores.com, afirma:

> Numa ampla discussão sobre a criação de valor empresarial é de se perceber que as empresas, sobretudo as brasileiras, ainda são relutantes em utilizar ferramentas que possam mensurar de forma clara e transparente os seus resultados.

Mesquita (2019) destaca outros pontos, como: "É comum encontrarmos grandes empresas (as de pequeno porte são piores ainda) sendo administradas por profissionais com pouco ou nenhum conhecimento sobre finanças." Outro ponto importante destacado pelo mesmo autor é "a falta de transparência e lealdade das empresas para com os seus sócios e/ou acionistas, sendo talvez o ponto crucial na perda de sua credibilidade no mundo dos negócios".

Reunidos todos esses fatores, pode-se entender a dificuldade das empresas familiares, principalmente na fase inicial de maturidade, em conseguir estabelecer processos consistentes para processos decisórios e indicadores que levem a, além de resultados coerentes, dados para decidir sobre a geração de valor.

Braga (2019) informa que:

> Quanto mais valorizada a empresa, maiores são as perspectivas de crescimento, maior é sua reputação, maior é a facilidade de obtenção de recursos para investimentos e, via de regra, maiores são as perspectivas de carreira para seus colaboradores. Quanto mais empresas valorizadas e prósperas, maior é a geração de empregos e maior é o crescimento e desenvolvimento do país.

Portanto, a criação de valor também é responsável pela perspectiva de crescimento e visibilidade da empresa como referência no mercado.

Na verdade, no assunto criação de valor, existe um conflito entre os interesses de remuneração de capital e de valorização da empresa.

Se essa valorização for efetuada por meio de aumento do patrimônio líquido, haverá necessidade de um aumento considerável do lucro obtido para remunerar esse capital investido.

Remuneração do capital investido

Como já abordado na introdução deste capítulo, em um investimento se buscam dois objetivos: a remuneração adequada do valor investido e a valorização desse capital ao longo do tempo.

Por meio da Figura 9.2, de forma resumida, com os principais grupos que o representam, podemos ver a questão do lucro. Ele é um resultado da operação de vendas, e a expectativa adotada é a de que ele seja uma margem adequada com relação às receitas obtidas no período.

FIGURA 9.2: Demonstrativo de resultados

Demonstrativo de Resultados

Receita líquida = Receita – impostos

Lucro bruto = Receita – impostos – custos

Lucro operacional = Lucro bruto – despesas

Receita

Impostos

Custos

Despesas

Imposto sobre lucro

Lucro

Quando se verifica o resultado perante o Demonstrativo de Resultados (DRE), em primeiro lugar é importante saber se a operação gerou lucro, e em segundo, se esse lucro foi coerente com o valor da receita obtida.

Essa é a avaliação que se encontra no dia a dia, mas ela não é suficiente quando se fala em criação de valor. A Figura 9.3 demostra a visão a ser discutida.

Uma melhor forma de entendimento do valor da empresa e do processo de criação de valor, além da questão do conflito entre a remuneração de capital e do valor da empresa, fica mais claro quando se olha do final para o início.

Observando-se os resultados do DRE, podemos concluir que o lucro está adequado para o nível de receita obtida, isso mostra que a margem que a empresa está obtendo é adequada.

FIGURA 9.3: Balanço Patrimonial - Lucro

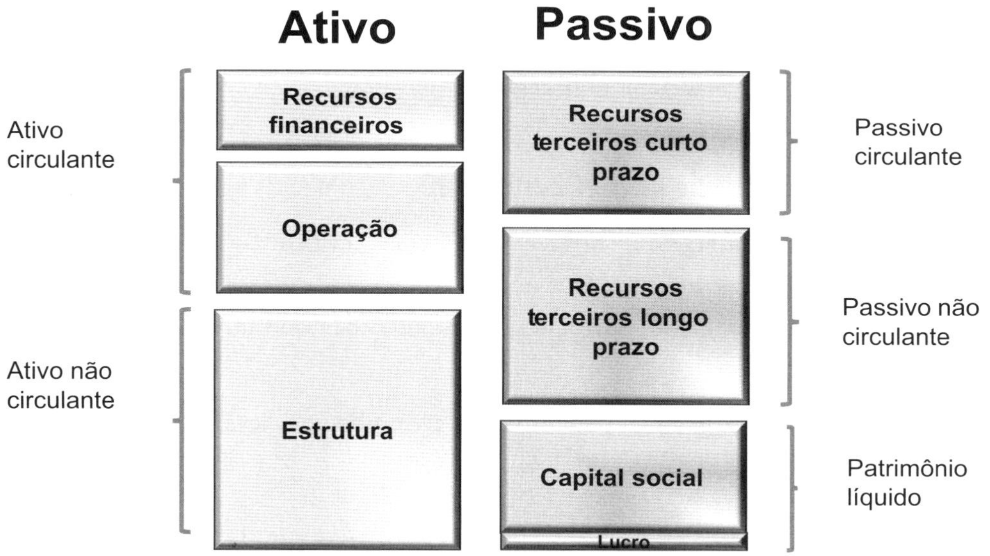

Entretanto, ao observarmos a relação do lucro com o volume de capital investido, pode-se chegar à conclusão de que ele não está sendo remunerado a contento.

Por exemplo: ao calcular a margem líquida (ML) que se obtém (lucro líquido/receita), chegamos a um percentual de 10%, que é uma lucratividade boa.

Mas, ao calcular o retorno sobre o patrimônio líquido — ROE (lucro líquido/patrimônio líquido), temos uma taxa de 0,5%. Então, apesar de a lucratividade sobre vendas ser boa, a remuneração do capital investido não é. Isso significa que estou perdendo valor.

Esse sentido de perda de valor está ligado ao fato de que tenho um capital investido que não está sendo remunerado adequadamente.

Veja, essa rápida análise não está levando em consideração o risco de perda desse capital.

Com uma visão mais próxima do risco, temos a análise do retorno sobre o ativo circulante — ROA (lucro líquido/ativo circulante).

Como pode ser observado na Figura 9.3, o ativo circulante corresponde a toda a operação da empresa, compreendendo os recursos financeiros e a operação de acordo com cada empresa.

Neste quesito, a análise nos mostra qual é o retorno em função do tamanho do risco e do capital necessário para que a empresa possa funcionar.

Esse indicador demonstrará o retorno que está ocorrendo em função do envolvimento de capital de giro de que a empresa necessita para operar.

A criação de valor pela visão de mercado

Nesse contexto, a abordagem de criação de valor não leva em consideração apenas o lucro ou o EBITDA (*earnings before interest, taxes, depreciation and amortization*), ou LAJIDA, como chamamos em português (lucros antes de juros, impostos, depreciação e amortização).

O foco de valor agregado ao processo de decisão pode nos levar a alternativas que não foram avaliadas.

Segundo Malvessi (2019):

> Destrói-se valor quando o retorno de capital é menor que o custo de capital, e a estratégia de manter a visão tradicional não é capaz de responder se o valor real está sendo criado e, também, não indica quem é que está contribuindo para a criação desse valor.

Para se ter ideia de como o tema de criação de valor é abordado de uma forma contraditória, com relação a empresas de capital aberto, ou seja, aquelas que disponibilizam suas informações para que possam ser analisadas e, que, levando-se isso em consideração, seriam empresas comprometidas com os acionistas, Malvessi (2019) informa que "dois terços das empresas pesquisadas apresentaram lucro, mas somente cerca de 15%

criaram valor". Ou seja, a cada dia que passa, essas empresas se desvalorizam mais, ao ponto de serem atrativas para que seus concorrentes as comprem a preços simbólicos, como aconteceu com a Sadia, adquirida pela Perdigão.

Para entender como a questão de valor tem sido discutida nos meios empresariais, segue a íntegra da matéria do *Jornal do Comércio*, em uma reportagem de Schoeler (2019).

> **Geração de valor em lugar de geração de lucro** - Para quem responde pela gestão de empresas — acionistas, membros do conselho e executivos — é importante a consciência de que, no mundo moderno, a perenidade das organizações requer foco na geração de valor, e não mais apenas na geração de lucro. Para os que não enxergam a profunda praticidade disso, convém lembrar que ter a empresa valorizada é conveniente e vantajoso para questões negociais de toda ordem: obtenção de crédito e suas condições, potencial *joint venture* ou mesmo uma eventual venda. Bem sei que falar em venda da empresa causa desconforto e calafrios na maioria dos acionistas, especialmente nos de empresas de controle familiar, que tendem a ver essa posse como algo inquestionavelmente eterno. Mas é bom desmistificar o tema, encará-lo de frente, sem emoção. Quando os atuais controladores levam a empresa à Bolsa e abrem seu capital, admitindo o ingresso minoritário de novos acionistas, estão vendendo parte da companhia. Por outro lado, não cabe dizer que "jamais venderão a empresa". Primeiro, porque podem mudar de ideia, como os Moreira Sales, quanto ao Unibanco; os Vontobel, que se desfizeram da operação de fabricação de Coca-Cola; ou os Leão, que venderam a Mate Leão. Segundo, porque a evolução dinâmica do mundo dos negócios, da tecnologia, da concorrência, da legislação etc. pode induzir a um movimento de alienação, como Casas Bahia em relação ao Pão de Açúcar, TAM a favor da Lan, Budweiser em direção à Imbev. E, por último, problemas societários, de gestão, econômicos, de endividamento etc. podem obrigar a venda, como ocorrido com Sadia, Gradiente, Eike Batista, Varig e tantas outras. Não importam razões, percentual de venda, nem a pressão. Você estará tanto melhor quanto mais valor tenha sua empresa, lembrando que quem dimensiona isso é a intenção, interesse e percepção do comprador. O valor de uma empresa é um dimensionamento decorrente de dois vetores: um, quantitativo, matemático, sistêmico, previsível, decorrente de fórmulas, facilmente quantificável a partir de vendas, resultados, fluxo de caixa, *market share*, EBITDA; o outro, qualitativo, decorrente da percepção de terceiros em relação a modelo de gestão, riscos, valores, ética, sustentabilidade, imagem etc. Você pode até contratar alguém

para avaliar quantitativamente sua empresa, mas só saberá seu valor quando o mercado disser quanto paga por ela, número esse que poderá ser menor, igual ou maior do que o quantitativo, em decorrência da percepção qualitativa da sua organização. Dentro da lógica de geração de valor, cabem duas perguntas que devem estar sempre na mente dos decisores da empresa para deliberações: com este ato — construindo a fábrica nova/abrindo mais uma loja/trocando a diretoria/ampliando ou reduzindo produtos/alterando fornecedores/ etc. — 1) Estamos gerando valor? Valeremos mais? 2) Nos tornaremos um ativo mais atrativo para aquisição? A eventual reposta negativa sugere a não realização do pretenso ato, pois aí se aumentam custos, riscos, complexidade, controles etc. Diante disso, fica evidente que a valorização de uma empresa hoje decorre de uma visão holística de sua condução dentro de critérios de um capitalismo inclusivo, focado nos interesses e nas percepções de todos os *stakeholders* — fornecedores, clientes, funcionários, acionistas e, por decorrência, a sociedade — e não mais apenas na busca do lucro em benefício apenas do acionista, como na visão do antigo capitalismo histórico. O empreendedor é vital e precisa ser remunerado pela iniciativa e pelo risco, mas sua existência é inócua sem consumidores, impossível sem fornecedores, impraticável sem funcionários, inviável sem remunerar os financiadores. Lucro, sem percepção qualitativa de valor, é inócuo, mas este, mesmo sem resultado pontual, é a definitiva medida de sucesso das companhias.

De fato, as empresas precisam adotar procedimentos que as conduzam a uma criação de valor, e para isso há necessidade de mudança das estruturas financeiras, a fim de conduzirem a empresa a um novo patamar.

A Figura 9.4 apresenta um ciclo de processo de gestão coerente com essas visões de criação de valor. As atividades de uma controladoria, que, para efeito de pequenas e médias empresas, muitas vezes são representadas pelas áreas financeiras, devem ter um ciclo de trabalho que nasce no planejamento estratégico, percorre e acompanha o planejamento operacional, monitora a execução e controla os resultados, alimentando a direção para o processo de decisão.

O que se sugerimos é uma mudança no processo de decisão, em que a avaliação de um novo projeto, produto ou processo seja feita não apenas pelo retorno que demonstra dar à empresa, mas também pelo valor que gerará.

FIGURA 9.4: Visão holística da controladoria

Fonte: Brino (2019)

Abordar a criação de valor nas empresas familiares passa por outros aspectos, conforme destaca a PWC (2019), informando que uma empresa familiar enfrenta desafios únicos, mas que também tem vantagens únicas. Enquanto outras organizações medem suas realizações por trimestres, uma empresa familiar o faz por gerações. Enquanto alguns se concentram no valor econômico, uma empresa familiar precisa se preocupar também com os valores culturais a fim de preservar a empresa para os seus sucessores e, talvez, deixar sua marca para a posteridade.

A criação de valor e a empresa familiar

Uma experiência que se tem da área financeira é que ela é a consequência das ações e dos processos adotados na empresa. Portanto, organizar financeiramente uma empresa não implica apenas em organizar os processos financeiros. Aliás, muitas vezes, eles não chegam a estar tão desorganizados.

Nesse caso, passamos por duas grandes hipóteses. A primeira, em uma empresa organizada, onde, na verdade, o que falta é a ligação dos processos da empresa com o financeiro. A segunda, em uma empresa com problemas, enquanto não se organizar todos os outros processos, não haverá o nível desejado de retorno no financeiro. Por exemplo, se vendas não atinge o nível desejado de vendas, e as metas não estão coerentes com as necessidades para cobertura de todos os gastos, há necessidade de se ajustar os processos de vendas, estabelecer metas coerentes.

Reduzir os gastos também pode ser uma opção, mas, se existe mercado, encolher não é a melhor solução.

Quando falamos do planejamento de produção, temos as posições consideradas mais confortáveis.

Para a produção, o melhor seria "compre tudo e disponibilize, que nós produzimos". Para o financeiro, essa é a pior opção. Ele responderá quando há necessidade de cada um dos itens, e, se possível, chegaremos próximos a um *just-in-time* (na hora certa em que ele precisa ser aplicado).

Esses dilemas e confrontos de posição se traduzem por todos os processos. Na verdade, não é questão de se dar razão para um ou outro, mas, sim, entender qual a melhor opção daquele momento para a empresa.

Quando a abordagem se dá com uma empresa familiar, temos outros aspectos. Considere que, segundo a PWC (2019), o fundador atua em 64,2% das empresas familiares, e em 82,1%, o diretor-presidente é um membro da família controladora.

Essa pesquisa mostra a grande presença da família nas empresas, portanto, o fator família deve ser considerado para que se possa estabelecer os processos de criação de valor.

Considerando-se todos esses fatores, a organização financeira passa pela solução das duas hipóteses levantadas com relação à organização da empresa e pela organização da família.

A ingerência da família, a relação entre os membros e a situação financeira de cada um interferem diretamente na gestão da empresa. Poucos adotam a opção de tomar decisões que prejudiquem um familiar, como pais, irmãos ou até mesmo primos. Outros acabam tomando essa decisão com a intenção de afastar esses familiares da empresa. Ambas as opções geram problemas e conflitos.

A competência de gestão da empresa familiar tem os seguintes aspectos, segundo Gonçalves (2019):

> A essa competência opõe-se, inevitavelmente, a incompetência dos empresários e suas empresas familiares, identificável especialmente nos pontos seguintes:
> a) a empresa familiar permite-se uma organização informal, confusa e incompleta;
> b) ela adota como valor básico a confiança pessoal, em prejuízo da competência, tornando-se incapaz de contar com técnicos e especialistas de gabarito;
> c) ela pratica o nepotismo sob diversas formas, impossibilitando definitivamente a profissionalização;
> d) finalmente, a empresa familiar é imediatista, o que impede qualquer forma de planejamento empresarial.

Esses obstáculos que são encontrados nas empresas familiares precisam ser trabalhados para a formação de uma estrutura adequada de processos de geração de resultados e de valor.

Cabe salientar que os obstáculos encontrados nas empresas familiares, quando abordados de forma positiva, podem se transformar em vantagens para a evolução de processos adequados.

A falta de burocracia, por exemplo, permite que novos processos tenham menos obstáculos para sua implementação.

O fator que mais influencia a falta de criação de valor nas empresas familiares está ligado à falta de conhecimento e formação dos colaboradores da empresa.

Algumas preocupações aparecem com o tempo, como o processo de sucessão, entretanto, a estruturação e valorização da empresa nem sempre são consideradas, e isso, como já abordado, acaba se tornando um passivo para os herdeiros.

Também há a necessidade de se estabelecer uma diferenciação entre os herdeiros da família e os sucessores na empresa. Não necessariamente são as mesmas pessoas.

Um artigo de Dornelas (2019) destaca essa vantagem das empresas familiares:

> Épocas de recessão são momentos temidos por todo empresário. Isso é natural, já que, com a retração do consumo, há um impacto direto nos resultados das empresas. Mas há empreendedores que conseguem resultados relevantes mesmo nesses momentos turbulentos. Esses empreendedores que mais se destacam são geralmente os envolvidos com negócios familiares. Essa foi a conclusão de um estudo desenvolvido por Saim Kashmiri e Vijay Mahajan ao analisarem a performance de negócios nas recessões de 2001 e 2008.
>
> Eles constataram que, ao invés de assumir uma abordagem conservadora, os empreendedores à frente de negócios familiares fizeram o contrário. Lançaram novos produtos, mantiveram o mesmo nível de investimentos em publicidade e ainda enfatizaram a responsabilidade social.
>
> A comparação foi feita com grupos de empresas familiares e grupos de empresas gerenciadas profissionalmente, com executivos de mercado. Mas por que esse resultado ocorreu? O que motivou essa abordagem proativa nos líderes das empresas familiares?
>
> Segundo os pesquisadores, os empreendedores à frente de negócios familiares estão muito mais preocupados com os resultados de longo prazo, sempre pensando nos ativos que deixarão para as futuras gerações, bem como preservando o nome da família.
>
> Já os negócios gerenciados "profissionalmente" necessariamente precisam dar respostas rápidas aos acionistas, que cobram por resultados, seja em época de recessão ou não. Em momentos críticos, é comum haver corte de custos, demissões etc.
>
> Por outro lado, há muita discussão no mundo dos negócios hoje em dia sobre a profissionalização das empresas familiares. De fato, profissionalizar a gestão traz muito benefício a qualquer negócio.
>
> Porém, se o empreendedor quiser criar algo duradouro, deverá agir estrategicamente admitindo derrotas ou prejuízos no curto prazo, desde que objetivos grandiosos de mais longo prazo sejam almejados.
>
> Grandes negócios não são criados da noite para o dia. Há uma maturação natural e leva tempo para que se tornem referência. Paradoxalmente, é fato que a longevidade média das empresas tem diminuído a cada ano.
>
> Esteja você à frente de uma empresa familiar ou não, lembre-se de não dedicar todos os esforços de gestão e investimentos com vistas apenas a obter resultados imediatos.
>
> Convencer seus interlocutores será o seu grande desafio, já que, atualmente, é raro encontrar empresas e executivos discutindo o que será o negócio daqui uma década, por exemplo. A cobrança é sempre por resultados imediatos.

Agora é com você!

Verifique a diferença entre a remuneração existente sobre a receita e a remuneração sobre o patrimônio líquido e sobre o ativo circulante.
- ✓ ROA — Retorno sobre o Ativo Circulante = (Lucro Líquido/Ativo Circulante)
- ✓ ROE — Retorno sobre o Patrimônio Líquido = (Lucro Líquido/Patrimônio Líquido)
- ✓ ML — Margem Líquida = (Lucro Líquido/Receita)

Utilize seus dados para que possa saber se a margem líquida atual remunera em níveis adequados o valor do capital de giro investido (ROA) e o patrimônio líquido (ROE). Lembre-se de que esse valor significa o quanto está sendo remunerado o risco de manter esse valor de capital de giro e de patrimônio na empresa. Avalie se ele agrega "valor" ao esforço existente para a geração de receita.

Lições aprendidas

A criação de valor pode se apresentar nos diversos níveis de maturidade das empresas familiares. No nível "inicial", a preocupação deve focar a estruturação das finanças, o que talvez não permita uma ação efetiva de criação de valor, pois, mesmo que o sucesso seja atingido, não existe a possibilidade de mensurar com precisão esse resultado.

No nível "visível", a estruturação com uma visão do demonstrativo de resultados, o que significa a existência de um acompanhamento dos custos. Isso permite que se notem resultados com a criação de valor, sem um acompanhamento detalhado, como uma decisão a cada iniciativa de mudança.

Já no nível "definido", os processos permitem um controle mais apurado, com uma gestão adequada da criação de valor incluída e documentada no processo decisório.

Cabe acrescentar, novamente, que não só a evolução financeira, mas também a de gestão e a maturidade da empresa dependem da evolução no entendimento entre os pilares da empresa familiar (família, patrimônio e negócio).

Bibliografia

Braga, Marcos. A finalidade da empresa, valor e propósito. *Havard Business Review*, fev. 2007. Disponível em: ‹https://hbrbr.uol.com.br/a-finalidade-da-empresa-valor-e-proposito/›. Acessado em: 30 de jul. 2019.

BRASIL. Lei nº 11.638, de 28 de dezembro de 2007, Altera e revoga dispositivos da Lei nº 6.404, de 15 de dezembro de 1976, e da Lei nº 6.385, de 7 de dezembro de 1976, e estende às sociedades de grande porte disposições relativas à elaboração e divulgação de demonstrações financeiras. Diário Oficial da União, Brasília, DF, 8 dez. 2007 — Edição extra.

Brino, Rafael. A controladoria estratégica na otimização do lucro e criação do valor. Brasil Bolsa Balcão. Disponível em: http://vemprabolsa.com.br/2017/02/24/controladoria-estrategica-na-otimizacao-do-lucro-e-criacao-de-valor/. Acessado em: 30 de jul. 2019.

CPC. COMITÊ DE PRONUNCIAMENTOS CONTÁBEIS. Pronunciamento técnico CPC 13. Adoção Inicial da Lei no 11.638/07 e da Medida Provisória no 449/08. Brasília, 2008. Disponível em: ‹http://static.cpc.aatb.com.br/Documentos/223_CPC_13.pdf›. Acesso em: 30 de jul. 2019.

CPC. COMITÊ DE PRONUNCIAMENTOS CONTÁBEIS. Pronunciamento técnico CPC 04. ATIVO INTANGÍVEL. Disponível em: ‹http://static.cpc.aatb.com.br/Documentos/187_CPC_04_R1_rev%2013.pdf›. Acesso em: 30 de jul. 2019.

Dornelas, José. Negócios familiares se saem bem em épocas de recessão. Disponível em: ‹https://www.josedornelas.com.br/blog/negocios-familiares-se-saem-bem-em-epocas-de-recessao›. Acessado em: 30 de jul. 2019.

Embraer. Balanço Social Anual — Controladora. Disponível em: ‹https://ri.embraer.com.br/Download.aspx?Arquivo=H++Hor5hup7nW4yC4NXzvw==›. Acessado em: 30 de jul. 2019.

Gonçalves, J. Sérgio R. C. As empresas familiares no Brasil. *RAE Light*, · v. 7, · n. 1, · jan./mar. 2000. Disponível em: ‹http://www.scielo.br/pdf/rae/v40n1/v40n1a12.pdf›. AScessado em: 30 de jul. 2019.

Malvessi, Oscar. O conceito de criação de valor. *Encontro informal*. Disponível em: ‹http://www.oscarmalvessi.com.br/downloads/artigos/89/Palestra-Rev-IBEF-O-Conceito-de-criacao-de-valor-OscarMalvessi-1-2011.pdf›. Acessado em: 30 de jul. 2019.

Mesquita, Marcio. Criação de valor empresarial. Administradores.com. Disponível em: ‹https://administradores.com.br/artigos/criacao-de-valor-empresarial›. Acessado em: 30 de jul. 2019.

Portal de Contabilidade, Balanço Social. Disponível em: ‹http://www.portaldecontabilidade.com.br/obras/balancosocial.htm›. Acessado em: 30 de jul. 2019.

PWC — Empresas Familiares. Disponível em: ‹https://www.pwc.com.br/pt/setores-atividade/empresas-familiares.html›. Acessado em: 30 de jul. 2019.

Schoeler, Telmo. Geração de valor em lugar de geração de lucro. *Jornal do Comércio* de 5 de jul. 2017. Disponível em: ‹https://www.jornaldocomercio.com/_conteudo/2017/06/cadernos/jc_contabilidade/570775-geracao-de-valor-em-lugar-de-geracao-de-lucro.html›. Acessado em: 30 de jul. 2019.

Silva, Andressa Hennig; Trevisan Fossa, Maria Ivete. *A governança corporativa como estratégia de perpetuação da empresa familiar.* XXXII Econtro Nacional de Engenharia de Produção. Disponível em: ‹http://www.abepro.org.br/biblioteca/enegep2012_TN_STO_167_967_19818.pdf›. Acessado em: 12 de jul. 2019.

World Intellectual Property Organization (WIPO). Relatório WIPO revela atividades de escritórios de patentes no mundo. Disponível em: ‹http://www.sibi.usp.br/noticias/relatorio-da-ompi-revela-retrato-das-atividades-de-patenteamento-no-mundo/›. Acessado em: 30d e jul. 2019.

CONCLUSÃO

Esperamos que o leitor tenha aproveitado a oportunidade de conhecer melhor o mundo das empresas familiares e que possa ter percebido que muitas das questões vivenciadas em sua empresa são semelhantes às de outras empresas.

A chance de conhecer outras realidades empresariais é uma forma de *benchmarking*. Ou seja, ver que algumas práticas, apesar de estarem contextualizadas em um ambiente específico, podem servir de inspiração para os mais diferentes tipos de negócios, seja pequeno, médio ou grande, e de qualquer segmento.

As empresas familiares têm um papel relevante na economia do Brasil (e não só do nosso país, mas em todo o mundo) e devem ser geridas de forma responsável e na busca contínua de sua longevidade, pois, além dos membros da família, muitas outras famílias estão envolvidas no negócio, seja dos funcionários, dos fornecedores, da comunidade, entre outros atores.

Acreditamos que este livro tenha ajudado o leitor a criar um diagnóstico da situação de sua empresa e a formular diferentes estratégias que possam ser implementadas no dia a dia de forma simples e prática. Tudo isso por meio do reconhecimento dos fatores emocionais envolvidos, das necessidades de implementação de um processo de sucessão e governança familiar, além de formas para agregar valor econômico ao negócio.

ÍNDICE

Símbolos
5W2H, 39

A
Acordo de acionistas, 98
Adaptabilidade, 1
Ambiente organizacional, 43, 72
Análise de SWOT, 125
Aptidão cognitiva, 50
Ativo, 179
    circulante, 172
    intangível, 180
Aumento populacional, 15
Autoconhecimento, 36, 43, 126
Autoconsciência, 46
Autodesenvolvimento, 34, 58
Autoestima, 101
Autogerenciamento, 46
Autopercepção, 93
Autorrealização, 19–22
Autorresponsabilidade, 34

B
Balanço
    patrimonial, 136
    social, 182
Benchmarking, 89, 199
Brainstorming, 121

C
CANVAS, 124
    Familionário, 119, 128
Capability Maturity Model (CMM), 142
Capacidade de manutenção, 131
Capital
    de giro, 135, 155, 170
    imobilizado, 135
Chacrinha, 48
Chapéus da governança, 116
Ciclo
    financeiro, 170
    operacional, xii, 131, 135, 168
Clima organizacional, 61
Coaching, 35
Código
    de condutas, 105
    de ética, 126, 128
Cognição, 50

Comitê de Pronunciamento Contábil (CPC), 184

Competências
comportamentais, 57
técnicas, 57

Comportamento
corporativo, 143
humano, 42, 49

Conflitos emocionais, 51

Conselho administrativo, 54

Controle
contábil, 135
de caixa, 156
familiar, 138
financeiro, 133, 135, 153
gerencial, 137

Crescimento populacional, 15–18, 30

Criação de valor, 153, 184, 188

Cronograma de execução, 147

Cultura
da empresa, 121
de controle, 140
familiar, 139
organizacional, 21–24, 66, 88

D

Definir valores, 114

Degrau de maturidade, 153

Demonstrativo de Resultado (DRE), 147, 165, 167, 186

Desenvolvimento humano, 36

Diretrizes estratégicas, 160

Dissonância cognitiva, 69

Diversidade, xi, 9, 15–18
cultural, 106

E

Economia digital, 3, 5

Edward de Bono, 119

Efeito
rebote, 12
V.U.C.A., 58

Empatia, v, 31, 35, 59

Empresa familiar 4.0, 13–14

Encontro de Empresas Familiares (ENEF), 22

Envelhecimento populacional, 16–19

Estratégias competitivas, 25

Estrutura
de governança, 113
financeira, 136

Estruturação
da família, 139
do negócio, 139
financeira, 143

Evolução financeira, 154

Experiência emocional, 42

F

Falta de caixa, 155

Fluxo de caixa, 146, 154, 173
negativo, 71

G

Gastos
fixos, 163
variáveis, 162

Geração
    Baby Boomer, 17–20
    X, 17–20
    Y, 17–20, 20–23
    Z, 17–20
Gestão
    de conhecimento, 181
    de riscos, 8
    do capital de giro, 155, 173
    emocional, 51, 56
    financeira, xii, 153
    onerosa, 155
    por competência, 56
Globalização, 1, 19–22
Golden Share, 98
Governança, 111
    corporativa, vii, 3, 54, 98, 138
    familiar, 25, 199

H

Habilidades
    cognitivas, 50
    emocionais, 45

I

Índice Global de Inovação, 5
Indústria 4.0, 2
Inteligência
    cognitiva, xi, 31, 55
    emocional, ix, 25, 31, 45, 128
    interpessoal, 32
    intrapessoal, 32
    racional, 33
    social, 31, 38
Internet das Coisas, 12–14

L

Laços familiares, 116
Liderança
    adaptativa, 9
    flexível, 9
Lucro
    acumulado, 184
    empresarial, 169
    líquido, 187
    real, 180

M

Mapa da empatia, 38
Margem
    de contribuição, 162
    líquida, 184
Marketing digital, 5
Meritocracia, 69
Metodologia Canvas para negócios, 38
Missão, 114, 160
Modelo de Desenvolvimento
    Tridimensional, 114
Modelo dos Três Círculos do Sistema de
    Empresa Familiares, 65, 68, 84
Modelo Tridimensional de
    Desenvolvimento da Empresa
    Familiar, 76, 83
Movimento
    de caixa, 155
    digital, 1
    sistêmico dos três círculos, 83
Mundo V.U.C.A., 10–13, 58, 154

N

Nepotismo, 140, 193
   esclarecido, 126
Nível
   de controle, 131, 137
   de maturidade, 131, 143, 149
   de monitoramento, 131

O

Objetivos estratégicos, 160
Ondas de inovação, 1, 8
Operação
   contábil, 135
   financeira, 135
Organização
   das Nações Unidas (ONU), 15
   para a Cooperação e
      Desenvolvimento Econômico
      (OCDE), 113

P

Patrimônio líquido, 186
PDCA, 39
Perfil comportamental, 37, 57, 60
Perspectiva
   interpessoal, 46
   intrapessoal, 46
Planejamento, 160
   de produção, 192
   estratégico, 128, 144, 190
   financeiro, 137
   operacional, 190

Plano
   de ação, 109, 115
   de contas, 165
   de Contas Padrão, 147
Ponto de equilíbrio, 160, 162, 175
Potencial criativo, 12–14
Processo
   de sucessão, 87, 95, 101, 199
   de tomada de decisão, 112
Profissionalismo, 6
Programa organizacional, 35

Q

QE (quociente emocional), 49
QI (quociente intelectual), 49
Quarta Revolução Industrial, 1

R

Receita líquida, 162
Reciclagem, 83
Regime
   de caixa, 146
   de competência, 146
Renovação, 83
Representatividade econômica, 22–25
Responsabilidade social, 84, 106, 194
Retorno sobre o ativo circulante
   (ROA), 188
Revolução
   4.0, ix
   de comunicação, 2

S

Seis Chapéus do Pensamento, 119
Sequestros emocionais, 28
Sistema
    de controle e informação, 144
    de governança, xii, 112, 128
Situações emocionais, 49
Software ERP, 146
Stakeholders, 115, 122, 190
Storytelling, 102
Sustentabilidade, 119
SWOT Empresa Familiar, 125

T

Técnica
    da maturidade da gestão nas
        empresas, 132
    dos "chapéus", 122
Tecnologia da Informação (TI), 3
Temperamentos, 37
Teoria dos 3 Círculos das Empresas
    Familiares, ix, 3, 51, 131
Tipologia organizacional, 37

V

Valor
    da empresa, 177
    econômico, 57
    humano, v
    social, ix, 57
    tecnológico, ix
Valores, 160
    comprometidos, 157
    da família, 121
    estimados, 157
    realizados, 157
Vantagem competitiva, 22–25, 138
Vínculos familiares, 53, 114
Visão, 114, 160
    estratégica, ix, 59
    financeira, 131, 165
    gerencial, 165
    sistêmica, ix
    transformadora, xi, 1

CONHEÇA OUTROS LIVROS DA ALTA BOOKS

Todas as imagens são meramente ilustrativas.

CATEGORIAS

Negócios - Nacionais - Comunicação - Guias de Viagem - Interesse Geral - Informática - Idiomas

SEJA AUTOR DA ALTA BOOKS!

Envie a sua proposta para: autoria@altabooks.com.br

Visite também nosso site e nossas redes sociais para conhecer lançamentos e futuras publicações!

www.altabooks.com.br

ALTA BOOKS
EDITORA

/altabooks • /altabooks • /alta_books

Este livro foi impresso nas oficinas gráficas da Editora Vozes Ltda.,
Rua Frei Luís, 100 – Petrópolis, RJ.